絶対、運が良くなる
旅行風水

改訂新版

李家幽竹
Rinoie Yuchiku

ダイヤモンド社

主なパワースポット

青森県
1 岩木山神社（弘前市）
2 青池（西津軽郡）

岩手県
3 中尊寺（西磐井郡）
4 毛越寺（西磐井郡）
5 早池峯神社（遠野市）
6 桜山神社［盛岡城跡公園 烏帽子岩周辺］（盛岡市）

秋田県
7 田沢湖（仙北市）

宮城県
8 鹽竈神社（塩竈市）
9 大崎八幡宮（仙台市）

山形県
10 出羽神社（鶴岡市）
11 鳥海山大物忌神社 吹浦口之宮（飽海郡）

福島県
12 伊佐須美神社（大沼郡）

栃木県
13 日光東照宮（日光市）
14 日光二荒山神社 本社（日光市）
15 日光二荒山神社 中宮祠（日光市）
16 中禅寺 立木観音（日光市）
17 宇都宮二荒山神社本社（宇都宮市）
18 瀧尾神社（日光市）

群馬県
19 榛名神社（高崎市）
20 水澤観世音（渋川市）
21 妙義神社（富岡市）

埼玉県
22 三峯神社（秩父市）
23 高麗神社（日高市）

千葉県
24 香取神宮（香取市）
25 玉前神社（長生郡）

東京都
26 皇居外苑（千代田区）
27 明治神宮（渋谷区）

神奈川県
28 江島神社（藤沢市）
29 大山阿夫利神社 下社（伊勢原市）
30 箱根神社（足柄下郡）
31 箱根元宮（足柄下郡）

山梨県
32 金櫻神社（甲府市）

静岡県
33 来宮神社（熱海市）
34 伊豆山神社（熱海市）
35 三嶋大社（三島市）
36 富士山本宮浅間大社（富士宮市）
37 久能山東照宮（静岡市）

長野県
38 戸隠神社（長野市）
39 明神池（松本市）
40 諏訪大社（諏訪市、茅野市、諏訪郡）
41 万治の石仏（諏訪郡）
42 穂高神社 本宮（安曇野市）

新潟県
43 彌彦神社（西蒲原郡）

富山県
44 雄山神社 中宮祈願殿（中新川郡）
45 雄山神社 里宮 前立社壇（中新川郡）

石川県
46 白山比咩神社（白山市）

福井県
47 若狭彦神社（小浜市）
48 若狭姫神社（小浜市）
49 永平寺（吉田郡）

愛知県
50 真清田神社（一宮市）

三重県
51 椿大神社（鈴鹿市）
52 伊勢神宮（伊勢市）

滋賀県
53 石山寺（大津市）
54 多賀大社（犬上郡）
55 長等山園城寺（大津市）
56 日吉大社（大津市）
57 建部大社（大津市）
58 竹生島（長浜市）

京都府
59 貴船神社（京都市）
60 上賀茂神社（京都市）
61 下鴨神社（京都市）
62 清水寺（京都市）
63 三十三間堂（京都市）
64 車折神社（京都市）
65 知恩院（京都市）
66 出雲大神宮（亀岡市）
67 籠神社（宮津市）
68 石清水八幡宮（八幡市）

奈良県
69 春日大社（奈良市）
70 大神神社（桜井市）
71 橿原神宮（橿原市）
72 吉野神宮（吉野郡）

和歌山県 73 熊野本宮大社（田辺市）
74 熊野那智大社（東牟婁郡）
75 那智大滝（東牟婁郡）
76 熊野速玉大社（新宮市）
77 神倉神社（新宮市）

大阪府 78 住吉大社（大阪市）
79 枚岡神社（東大阪市）
80 三島神社（門真市）
81 四天王寺（大阪市）

兵庫県 82 伊和神社（宍粟市）

岡山県 83 吉備津神社（岡山市）
84 吉備津彦神社（岡山市）

鳥取県 85 大神山神社 奥宮（西伯郡）

広島県 86 千光寺（尾道市）

島根県 87 八重垣神社（松江市）
88 熊野大社（松江市）
89 出雲大社（出雲市）
90 須佐神社（出雲市）

香川県 91 金刀比羅宮（仲多度郡）

愛媛県 92 大山祇神社（今治市）
93 伊豫豆比古命神社（松山市）
94 石鎚神社（西条市）
高知県 95 土佐神社（高知市）

福岡県 96 宗像大社 辺津宮（宗像市）
97 高良大社（久留米市）
98 太宰府天満宮（太宰府市）

大分県 99 宇佐神宮（宇佐市）

熊本県 100 阿蘇神社（阿蘇市）
101 国造神社（阿蘇市）

宮崎県 102 高千穂神社（西臼杵郡）
103 鵜戸神宮（日南市）

鹿児島県 104 霧島神宮（霧島市）

沖縄県 105 首里城（那覇市）
106 セーファウタキ（南城市）

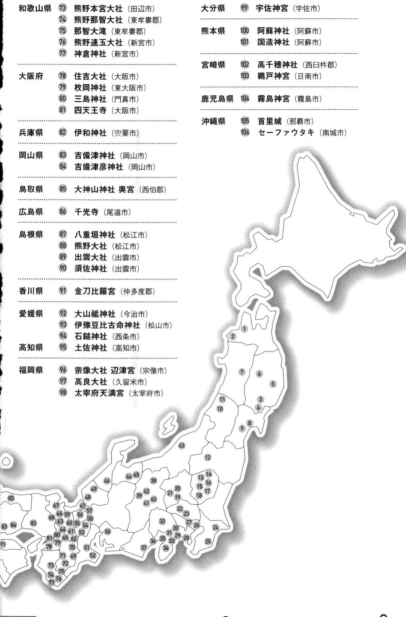

パワースポットマップ

改訂新版　絶対、運が良くなる旅行風水

はじめに

旅行に行くだけで運が良くなり、願いが叶う。
そんな楽しくて簡単なことで運が得られるなんて、素晴らしいと思いませんか？
旅行には、運を引き寄せる強力なパワーがあるのです。

そもそも風水とは、衣・食・住・行動など自分の環境すべてを使って運を開く学問のこと。旅行は、その中の「行動」の部分にあたり、最も簡単で効果的な開運術とされています。

旅行に出かけることで、その土地の持つ大地のパワーを吸収し、そのエネルギーを自分の運気に変えていくというのが旅行風水の基本的な考え方。
「運がないなら取りに行く」というのが旅行風水の考え方なのです。

そんな旅行という楽しみごとを開運術としてみなさまに使っていただくために、初めてこの本を書かせていただいてから、13年の月日が流れました。

長い年月の中で時代が変わるとともに、私自身、旅行風水についてもう少し詳しくみなさまにお伝えしたいという気持ちが生まれてまいりました。

時代も変わり、みなさまの旅行のスタイルも変わってきた中で、より詳しい解説を加えるとともに、今の時代に合わせたリニューアルをして、もう一度新たな気持ちでみなさまにお読みいただけるよう、本書を『改訂新版　絶対、運が良くなる旅行風水』として刊行することにいたしました。

初めて旅行風水を実践される方には入門書として、すでに旅行風水を実践している方にはもう一つステップアップするための手引きとして、お使いいただければ幸いです。

本書が、みなさまの人生をより良い方向へと導くきっかけとなれば幸いに思います。

李家　幽竹

改訂新版　絶対、運が良くなる旅行風水●目　次

第3章 どこへ行ったらいいの？

第4章　パワースポットに行こう！

第5章 もっと知りたい! 旅行風水

第1章

旅行風水の基礎知識

基本

なぜ旅行に行くとよいのでしょうか？

風水では、旅行は、自分に足りない運を取りに行くものと考えます。

人は、誰でも土地の気を受けて生きています。

土地の上を歩き、土地の上に家を建て、生活する。

私たちは、大地の持つ生気をつねに受けて生きています。

旅行に行くことは、旅先の土地の気を持ち帰り、その土地の持つ運気を得るための行動。自分にとっての吉方位へ出かけることで、体にたまっていた悪運を流し、新しい運気を連れてくることができるのです。

そもそも風水とは、衣・食・住・行動など、自分の生活すべてを使って、運を開くためのマニュアルのようなもの。

中でも、行動の部分にあたる旅行は、最も即効性が期待できる方法。風水では、行動は「木」の気を持つものとされ、その「木」の気は時間を司ります。そのため旅行は、効果の出方が時間でしっかりと計れ、また、「木」の気が持つ運気の速さによって、即効性が期待できるのです。

旅行風水を実践するには、まず、自分の生まれた年から本命星（183ページ）を知り、方位盤によって割り出した吉方位へ旅行に行きます。そして、旅行先で、その土地の気をより吸収するために、どこへ行き、何を食べ、何を着て、どんなことをするかという、衣・食・住・行動を使った風水を実践します。

もちろん、ただ吉方位に旅行に行くだけでも運気は向上しますが、その土地に合った行動をすることで、より強く運気を吸収し、持ち帰ることができるのです。

インテリアだけの風水を実践する人も多いと思いますが、運の即効性や、新しい運気をよりスピーディに得たい場合は、旅行風水が最も効果的な方法。旅行風水で運を持ち帰り、インテリア風水でその運を定着させる。旅行風水とインテリア風水は、セットで活用することで、より強い運が得られることを覚えておきましょう。

基本

自分に足りない運は、吉方位に取りに行きましょう

「ない運は取りに行く」。これが、旅行風水の基本的な考え方。

今の自分に足りないと思う運があれば、その運気を持つ方位へ旅行に行き、その運を取りに行けばよいのです。

みなさんも、旅行に行く機会はあると思います。でも、せっかく行くならば、旅先から運をもらって帰ってきたいと思いませんか？

わかりやすくたとえるなら、吉方位へ出かけるのは、追い風に乗って、楽をして目的地にたどり着く状態。逆に、凶方位に出かけるのは、吹き荒れる向かい風に向かって、一生懸命歩いていく状態だと考えてください。

激しい向かい風でも、一生懸命歩いていけば、いつかは目的地にたどり着けますよ

ね？　でも、たどり着いたときには、体力も気力も失っているはず。追い風に乗ればスムーズにたどり着ける場所に、なにも、そんな苦労をしてたどり着く必要は、まったくないはずです。

その目的地を運気に置き換えてみましょう。吉方位に出かけた人は、欲しい運気を楽に手に入れることができるのに対して、凶方位に出かけた人は、ものすごい苦労の末、やっと運気を得るスタートラインに立つことはできても、その間に、自分が持っていた様々な運気を疲弊させ、失ってしまうことになるのです。

仕事などでどうしても行かなければならない場合は別として、どうせ行くならば、「追い風」を受け、その土地の運気をもらって来れる吉方位へ出かけたほうが、有益だと思いませんか？

ほんの少しの風水の知識で、欲しい運は簡単に手に入るのです。

基本

運は使えば使うほど増えます！

よく「こんなところで運を使いたくない」と言う人がいますが、これは、間違った考え方。運は、使えば使うほど、増えていくものなのです。

運のいい人とは、いつでもどこでも運が良く、また、その運を増やしていける人のことをいうのです。

では、その運は、いったいどこで培われるのでしょうか？

風水では、運は鍛えるものと考えます。

運が悪いという人は、運をきちんと鍛えることができていない人のこと。筋肉と同じように、きちんとトレーニングをすれば、運は確実に鍛えられていくのです。

風水の数ある開運トレーニングの中でも、運を取りに行き、自分に定着させる旅行風水は、とても簡単で効果的な方法。

旅行風水を実践することで、欲しい運気を無理なく手に入れることができるのです。

ただし、各方位には、方位ごとに持つ運気がいくつもあります。例えば、南西方位には、家庭運や結婚運、健康運、努力する力など、様々な運気がありますが、その中で、どの運を自分が吸収し、それが効果として表れるかは、環境が判断することになります。

つまり、様々な運がある中でも、今の自分にとっていちばん必要だと環境が判断した運が、効果となって表れるということです。

自分に足りないと思う運を環境が与えてくれる。ただし、それは、一つの運とは限りません。ですから、旅行に出かけるときは、あまり一つの運だけにこだわらず、「ほかにもたくさん運がもらえるといいな」というフラットな気持ちでいたほうが、いろいろな運を吸収しやすくなります。

さらに、一つの運だけを求める気持ちが強すぎると、逆にその運から嫌われ、いちばん欲しい運がやってこなくなるという可能性もあります。「恋愛運が欲しくて西に行っているのに、金運しか上がらないんです」と言う人が多いのですが、その原因はまさにこれ。もちろん、「恋愛運が欲しい」「結婚運を上げたいな」と意識するのはいいことなのですが、あまりにも強すぎる思いは逆効果になってしまいます。

これはインテリアやファッションなどでも同じで、「恋愛運しかいらない」「とにかく結婚！」などと強く思い込みすぎると、逆にその運が遠ざかっていくことに。旅行風水の場合は、それがひときわ顕著に現れるので、「欲しい運が来ない」と思っている人は、一度自分の思いを振り返ってみてください。

本当にその運があなたに欠けているなら、強く念じなくても必ずその運がやってくるはず。強すぎる思い込みやこだわりは捨てて、フラットな気持ちで旅行に出かけるのが、本当に運のいい人になる秘訣です。

基本

一人旅の場合と、二人以上の場合はちょっと違います

一人旅の場合は、当然、自分の吉方位に出かけることができますが、例えば家族など、二人以上で出かける場合は、お互いの吉方位が合わないこともあります。そういうときはどうすればいいのでしょうか。

家族の本命星がバラバラの場合、限られた日程の中で吉方位を合わせるのはなかなか難しいもの。そういう場合は、その家の主人の吉方位を最優先にしてください。「家族」という単位で出かける場合、家の主《あるじ》であるご主人が吉方位であれば、そのほかの人はたとえ凶方位でも、多少凶意を受けづらくなるからです。

「夫は風水に興味がないから、私の方位を優先したい」と言う人もいますが、ご主人が凶方位だと、家族＝ベースの運気が大幅に下がるため、どんなに自分の運が上がっても、結果として運気がマイナスになってしまいます。「夫よりもまずは自分」という考え方の人には、運がやってきづらいのでご注意を。

なお、結婚していないカップルは「家族」とは見なされませんから、恋人同士で出かける場合は、できるだけ二人の方位を合わせて出かけましょう。友人同士や母と娘など、親子二人の場合も同じ。ただし親子なら、なるべく親を優先したほうがいいでしょう。

方位を合わせるときは、全員が吉方位になるのがベストですが、それ以外にも選択肢はあります。例えば185ページからの吉方位表を見て、自分が△（効果は期待できない）でも、同行する人が◎（大吉方位）なら、その方位の運気は自分にも返ってきます。また、旅行に出かける月が△や無印（凶方位）でも、その年の1月以外の月に1つでも◎があるなら、その方位は年単位では良い方位。効果が表れるのは4、7、10、13年目なので、今すぐ運を上げたい人には向きませんが、どうしても同行者と方位が合わないときの「お助け方位」として使うのもおすすめです。

どうしても方位が合わず、凶方位に行かざるを得ない場合は、旅行中、温泉に入らないなど、凶意のよけ方（105〜106ページ）を参考にして出かけてください。また、帰ってきたら自分の吉方位に出かけるなど、失った運を取り戻すための処置も忘れずに。

基本

風水は「天文」と「地文」の両方から成り立っています

風水は、星の動きから運気の流れを見る天文《てんもん》（遁甲術《とんこう》）と、大地の形などから運気を見る地文《ちもん》（地理学）という、２つの考え方から成り立っており、扱う分野はインテリアや食、身に着けるものから、土地、建築、宇宙、医学、心理など多岐にわたります。本書でご紹介している旅行風水は、風水全体のごく一部にすぎないのです。

天文

天文とは、天空を巡る星の位置から運気を見ることで、持って生まれた運や日々の運勢、移動のための方位を決めるときに使います。

方位盤は毎年変わります

定位盤

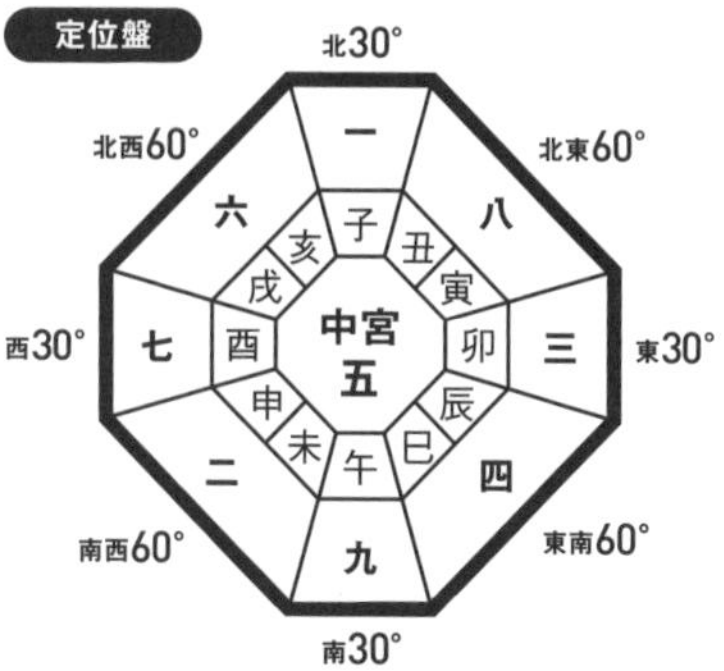

●風水では、年運や月運、吉方位を見る際、9つの宮に分かれた盤を使います。この中央に「五」が入ったものを『定位盤』と呼び、この盤を基本として、運気や旅行方位を見ていきます。

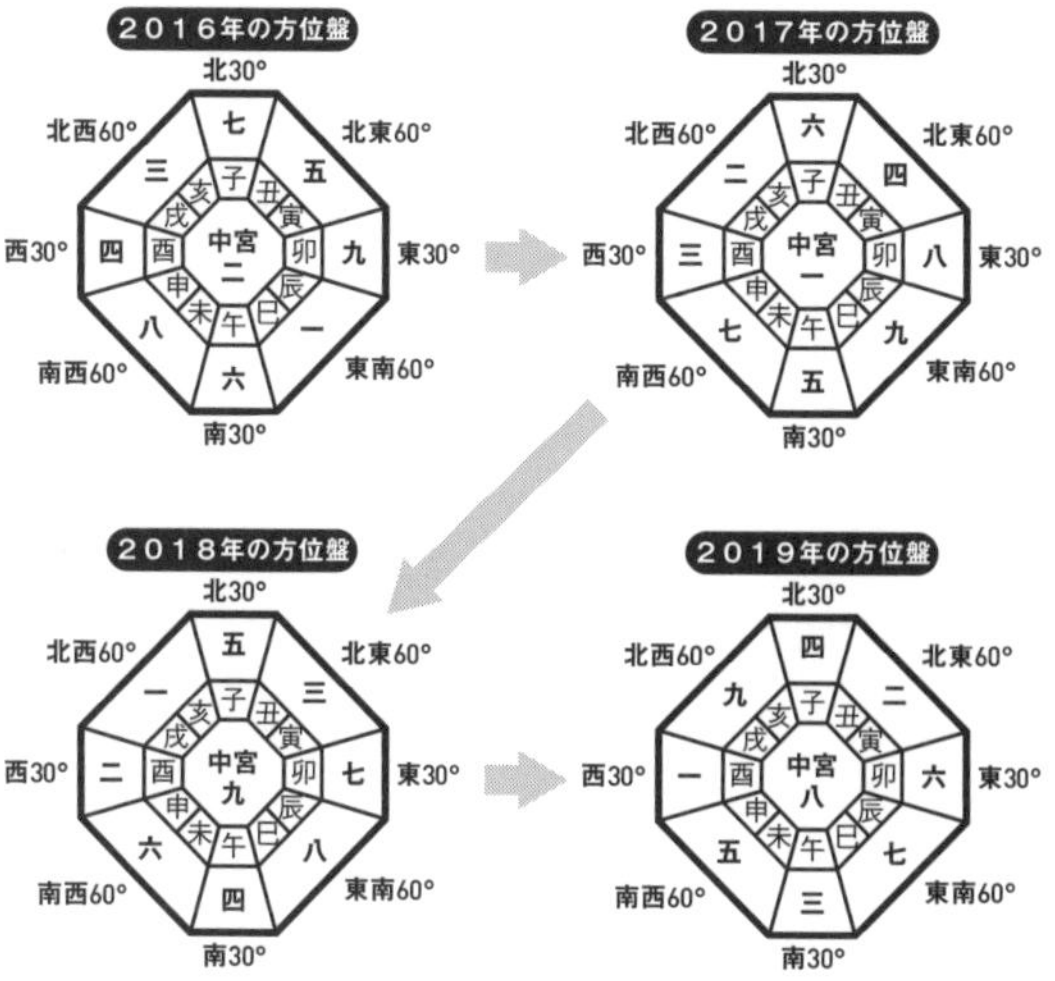

●方位盤は、毎年、9つの宮に9つの星が順番に廻っていきます。星の入る位置によって、運気や方位を割り出すのが基本です。

考え方の基本となるのは、東西南北を8つの宮《みや》に分け、中央に1つの宮を設けた方位盤です。

9つの宮に9つの星が順番に廻り（これを遁甲といいます）、星の入る位置によって、運気や方位を割り出していきます。

また、天文では、生まれた年（本命星）によって持っている運や気の吸収の仕方が違うとされています。中国に古くから伝わる四柱推命《しちゅうすいめい》は、元をたどれば、これにあたります。

地文

一方の地文は、山や平野、川や海など大地の地形から、運気を見ていきます。良い土地を探してその上に家や墓を建てれば、大地から良い気が吸収でき、そこに暮らす人や子孫の運が開けると考えます。そのため、「人の運は環境で変わる」というのが基本理念。

ここで言う環境とは、土地だけではなく、衣・食・住・行動に至るまで、人を取り巻くすべての環境を指します。風水と言うと、インテリア、と思われる方も少なくないのですが、インテリア風水はあくまでも風水の一部にすぎません。インテリアだけでなく、衣・食・住・行動と、様々な要素をバランスよく、同じ比重で整えていくことが大切なのです。

このように、天文が持つ先天的な要素と、地文が持つ後天的な要素を併せ持つのが風水。人が持って生まれた運を、住む家や着る服、食べるものや行動など、環境を整えることで、よりよく変えていく。生年月日だけで運命が決まってしまう占いとの違いは、ここにあります。

天文と地文、この2つの考え方を知ることで、風水は、より楽しく、効果的なものになるのです。

私の旅の過ごし方①

日帰り旅行について

遠くへ旅行に行きたくても、なかなか休みが取れなかったり、家庭の事情で遠出ができない場合もありますよね。そんなときには、日帰り旅行がおすすめです。私も、少しでも時間ができると日帰りで旅行に出かけます。

ですが、日帰り旅行は宿泊する旅行と違って、ただ行って帰ってくるだけでは運気を大きくもらうことはできません。日帰り旅行で運気を吸収するためには、ちょっとしたコツがあるのです。そのコツとはズバリ、「睡眠」。

人は、眠ることによってその土地の気を吸収するベースをつくります。日帰り旅行中に、ほんのちょっとでも睡眠を取ることで、吸収する運気は大きく変わるんですよ。私は、仮眠ができる温泉施設を選んだり、マッサージの予約を入れたりするなど、少しでも眠れるように心がけています。

もちろん、何時間も寝る必要はありませんよ。ほんの少し、30分程度でいいのです。それだけで日帰り旅行からもらえる運気は変わるので、お試しくださいね。ただし、移動中の睡眠は運気には関係ありませんので気をつけてください。

また、日帰り旅行では「温泉」と「パワースポット」の組み合わせが大切なポイント。「どちらか片方ではダメなんですか?」と聞かれることがありますが、「ダメ」というのではなく、運気の吸収率が変わるだけのことなので、どうしても時間がないときは、どちらか行きやすいほうを選んで出かけましょう。パワースポットに出かけたときは、お参りだけではなく絵馬を書き、自分の願いを「言霊《ことだま》」としてその土地に残してくるとより効果的ですよ。

日帰り旅行では、より強く方位の気を意識して出かけることも大切です。その方位に合うカラーやファッションをできるだけ身に着け、食事や開運行動など事前にプランを立ててから出かけるのもおすすめです。

そして自分用のおみやげ選びも忘れずに。お菓子でもお洋服でも雑貨でも、食べたいと思ったものや気に入ったものは運を増幅させてくれるため、旅行風水の実践では欠かせないアイテムです。私の日帰り旅行のテーマも、いつの間にか「気に入ったもの探しの旅」になってしまっています。

みなさんも、自分に運をもたらす「気に入ったもの」を見つける日帰り旅に、ぜひ出かけてみてくださいね。

第2章

いつ、どのくらい行ったらいい？

いつ、どのくらい旅行に行くのがいいのでしょうか？

いつ行くか？

行きたいところがあるのなら、その方位がいつ自分にとって吉方位になるかを調べ、その時期に合わせて出かけましょう。自分の吉方位に合わせて場所を決めるのも、一つの方法です。

まず、１８３ページの本命星表で自分の本命星を調べて、同じく巻末の吉方位表で、方位と時期を調べます。

また、旅行の効果が何倍にもなる旅行月も、年に1～2度ありますので、長期旅行はその時期に合わせて行くのも効果的です（38ページで詳しく解説）。

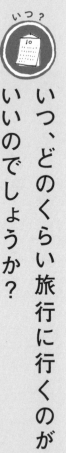

また、出かける時間帯は、午前中が最も効果的です。

どのくらい行くか？

もちろん、長期間、遠いところに行くのが理想的ですが、無理をして時間を作ったり、滞在時間より移動時間が長いようでは意味がありません。時間が取れない場合は、無理をせずに、「近場でゆっくり」プランを立て、その土地の気をじっくり吸収しましょう。

年に1度、まとまった日数を取って旅行するのもいいのですが、日帰りでもいいので、まめに旅行に出かけたほうが、運気の吸収率は大きくなります。つねに新しい運気を体内に取り込み、気を循環させることで、運気の滞りが防げるためです。

頻度としておすすめなのは、3カ月に1回、日帰り、もしくは1~2泊の旅行に出かけ、年に1度、3泊以上の旅行に出かけることです。

出発前

出発前に部屋の掃除をしておきましょう

部屋は、旅行から持ち帰った運をためておく空間。

帰ったときの部屋の状態で、旅行先で吸収してきた運気の定着度が変わります。

せっかく持ち帰った運をしっかりと自分に定着させるためにも、出かける前に、しっかりとお掃除をしてから出かけましょう。

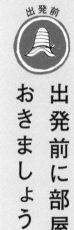

特に、運を「ためる」場所である収納部分がゴチャゴチャしていると、家に持ち帰った運をためておくことができません。いらないものは、すっきりと整理して、運をためるスペースをつくってから旅行に出かけましょう。

もちろん、家の中の収納部分すべてをすっきりとさせるのが理想ですが、忙しくて、すべてを整理して出かけることができない場合もあるはず。そんなときは、自分の欲しい運に合わせた整理術を実行してみましょう。

恋愛運や人間関係運が欲しい人は、クローゼットなど衣服の整理を、仕事運ややる気、若さが欲しい人は、雑誌や本などの紙ゴミの整理を、金運が欲しい場合は、キッチン周りの整理が効果的です。

また、健康運が欲しい人は、トイレ掃除をしっかりとして出かけ、ビューティ運が欲しい人は、バスルームや洗面所、窓や鏡をキレイにして出かけてみて。どの運を定着させる場合にも、気の入り口である玄関や、リビングなど帰ってからすぐにくつろぐ場所、気の吸収場所である寝室は、見た目だけでもキレイにして出かけることが大切です。

出発前

出発する瞬間が大切です

例えば、月の変わり目に旅行に出かける場合、その月では吉方位だった方位が、次の月では凶方位に変わることもあります。どちらの方位を優先していいのか迷う場合もあると思いますが、そういうときは、迷わず、出発するときの方位を優先してください。

出かける場所が、日程の途中で凶方位に変わっても、出発したときが自分にとっての吉方位であれば、吉方位への旅行となるのです。

風水では、「始まり」の運気を最も重視します。ものごとが始まるときに生じた運気は、その先、ずっと継続すると考えるためです。

同じことは服装にもいえます。それぞれの方位に出かける場合、その方位の気をより吸収するために、身に着けていくといいカラーや服装があります。それについては、第3章で方位ごとに詳しくご説明いたしますが、そのカラーや服装は、出かけるときに身に着けて行くことで、出かける方位の運気をより多く吸収することができるのです。

よく、「旅先では、ずっとその色や服装でいないといけませんか？」というご質問を受けますが、そんな必要はありません。

もちろん、一泊旅行など短い旅行であれば、その色や服装をずっと身に着けていたほうが効果的ですが、長い旅行の場合、出発するときにその色や服装をしていれば、旅行中にほかの色を身に着けたり、違う服装をしていても運気の吸収率は変わりません。

ものごとも旅行も、すべては「始まり」の瞬間が大切なのです。

効果

旅行の効果は「4・7・10・13の法則」で表れます

旅行風水には、「4・7・10・13の法則」というものがあります。

これは、旅行に出かけると、その効果が、4、7、10、13日目、4、7、10、13カ月目、4、7、10、13年目のいずれかに必ず表れるという法則です。

まずは「日」についての説明を。旅行に行くとき、日盤を見て、良い日にちを選んで出かけると、その効果は4、7、10、13日目のいずれかに表れるというものです。ただ、「日」の選び方はわかりにくいうえ、効果も小さく、運の持続力も2カ月ほどしかないので、あまり気にする必要はありません。

旅行月（旅行の効果が何倍にもなるとき。85ページで説明）など、日にちの持つ運気を最大限に発揮できるときは別として、普段、旅行風水を実践するにあたって気にする必要は特にないでしょう。

次に「月」です。旅行に出かけてから、4、7、10、13カ月目のいずれかに表れる効果のことで、旅行風水を実践するには、これがいちばんわかりやすく、効果を実感できる使い方です。効果も大きく返ってきますので、旅行風水を実践するときには、月の吉方位を合わせて出かけるよう心がけましょう。

次に「年」ですが、これは、4、7、10、13年目に表れる効果のこと。長い年月のあとに効果が表れますが、その効果の出方は絶大です。かなり大きな効果が期待できますので、「年」で使う場合は、「月」と吉方位が重なったときに使うと、月の効果を実感しながら、年の効果が表れるのを待つことができます。「年」と「月」の吉方位が重なる「大吉方位」は、185ページからの吉方位表の中で、◎の表示があるときです。

効果

吉方位に出かけて、凶意が出るのはいいことです

先にもご説明したとおり、吉方位に出かけて効果が表れるのは、4、7、10、13カ月目です。

その前に、誰にでも訪れるのが、「凶意」と呼ばれる現象です。

「凶意」とは、いわゆる運気の毒出しのようなもの。吉方位に旅行に出かけて運気を吸収したあと、体は、今まで自分にたまってしまっていた悪運（毒）を体内から押し出そうとします。そのとき、自分の運気や体調などに、一瞬、凶作用が生じます。その現象を「凶意」（毒出し）と呼びますが、これは、漢方などで、症状が改善する前に、一時的に体に不調が表れる、好転反応と同じ作用だと考えてください。体にたまった毒を排出しなければ、良い運気を体内にためることはできないのです。

表れる凶意は方位によって変わります（詳しくは第3章で説明します）。凶意が最も強く表れるのは、一般的に旅行に出かけてから2～3カ月後。4カ月目の効果の前に強く表れる人が多いようです。

凶意が表れているときは、とても辛く感じるかもしれませんが、体にたまった毒を出さなければ、その毒は、一生自分の体から出ることなくたまり続け、運気をどんどん下降させる原因となります。そのときは辛くても、すぐに収まりますので、慌てず、騒がず、凶意の去るのを待ちましょう。凶意に踊らされてしまうと、せっかく得てきた運気が目減りすることになります。注意して。

吉方位に出かけて表れた凶意は、収まると、それが自分にとって逆によかったと思えることに変わります。

一方、凶方位に出かけて表れた凶意はそのまま蓄積し、その人の運をどんどん悪いほうへ導きますので、旅行の前や帰った後に吉方位へ出かけるなど、くれぐれも対処を忘れずに。

効果

旅行の効果が6～10倍になるときがあります

通常、1回旅行に行けば、1回分の効果を得るのが当たり前ですが、1年のうち1～2回、その効果が6倍にもなる月があります。

つまり、1回旅行に行けば、6回旅行に出かけたのと同じ効果が得られることになるわけです。まるで、ボーナスポイントのようですが、これは、年盤で、その年の中宮に廻ってきた九星と、月盤で中宮に廻ってきた星とが重なるとき、星同士の持つ運気の相乗効果によって、その効果が何倍にも強まる作用によって生じるものです。このときを「旅行月」と呼んでいますが、この月には、いつ旅行に出かけても、6倍の効果が期待できます。

また、この月には、旅行の効果が10倍にもなるときがあります。これは、年と月に加えて、日にちを合わせることで、より強く星同士の運気が引き合うためです。2016年の11月は、ちょうど旅行月にあたります。このときの10倍日は、9日、18日、27日、12月6日となります。

旅行月は、運気を吸収するためにには、とても有効な月となりますが、注意しなくてはならないのは、凶方位に出かけることです。運気が6倍になるのは、吉方位に限ったことではありません。当然、凶意も6倍に、日にちが合ってしまえば10倍になるため、この月にはできるだけ凶方位に出かけるのは避けましょう。どうしても出かけなくてはならない場合は、その月のうちに自分にとっての吉方位に出かけ、凶方位の気を流すよう心がけてください。

参考までに、2017年の旅行月は9月（9／7～10／7）、2018年は7月（7／7～8／6）、2019年は5月（5／6～6／5）です。

さらに年ごとの旅行月を知りたい方は、年度版の『李家幽竹の幸せ風水』や『李家幽竹の九星別366日の幸せ風水』をお読みください。

効果

三合法を使うと、効果が20倍になります

自分の吉方位を使って旅行をする場合、その方位の効果をさらに強大なものにする方法があります。

それは「三合法《さんごうほう》」と呼ばれる方法。三合法とは、お互いに引き合う作用を持つ３つの方位に連続して出かけることで、その３つの方位が磁石のように引き合って相乗効果を生み、その効果が何倍にも跳ね上がる現象のことをいいます。三合法を使うと、１カ所だけの吉方位旅行に比べて、約20倍もの効果が期待できるという、旅行風水の秘伝ともいえる方法。

三合法を実践するには、方位を正確に計ることが大切です。全方位を十二方位に分けた干支《えと》（十二支）を使って、方位を計ります（表紙を開いたところに入っている方

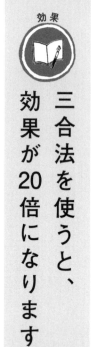

位盤カードを、お手持ちの地図に合わせて使ってください）。
日本で暦の呼び方として知られる干支は、方位の単位として用いられ、「陰陽五行説」に基づいて、木・火・土・金・水の5つの気に分類することができます。十二支の中で、同じ気を持つものは引き合うという相生関係を利用する方法が三合法。
三合法には、次の4つの種類があります。

三合木局（亥、卯、未）
木の気を持った方位を回る。仕事、成長、発展の運気が得られます。

三合火局（寅、午、戌）
火の気を持った方位を回る。ステータス運、人気運、美と知識に関する運が得られます。

三合金局（巳、酉、丑）
金の気を持った方位を回る。財運、金運や楽しみごとを得る運気が得られます。

三合水局（申、子、辰）

水の気を持った方位を回る。恋愛運、愛情運、信頼を得る運気を得られます。

三合法を使う順番は、どの方位からでもかまいませんが、どの方位も必ず吉方位のときに行き、3年以内で、すべての方位を回ります。

ポイントは、なるべく各地点の間の距離が均等になるようにすること。三合法では、3カ所をつないで描く三角形が正三角形に近ければ近いほど高い効果が得られるからです。もちろん、1カ所だけ遠くに行き、あとの2カ所は近距離に出かけるという方法でも三合法は成立しますが、形がいびつになると、その分だけパワーが弱まってしまいます。距離は短くてもいいので、なるべくきれいな正三角形を描くように心がけましょう。またそれぞれの旅行の期間は長いほうがパワーが強まりますが、難しければ日帰りでも十分です。

また、三合法をつくっている間にほかの吉方位に出かけても、なんの問題もありません。最終的に、3年以内に3カ所の方位を回ればいいのです。

三合法って何？

●同じ気を持つ3方位の性質を利用するのが三合法です。
●下の図は三合木局を方位盤上で表したものです。

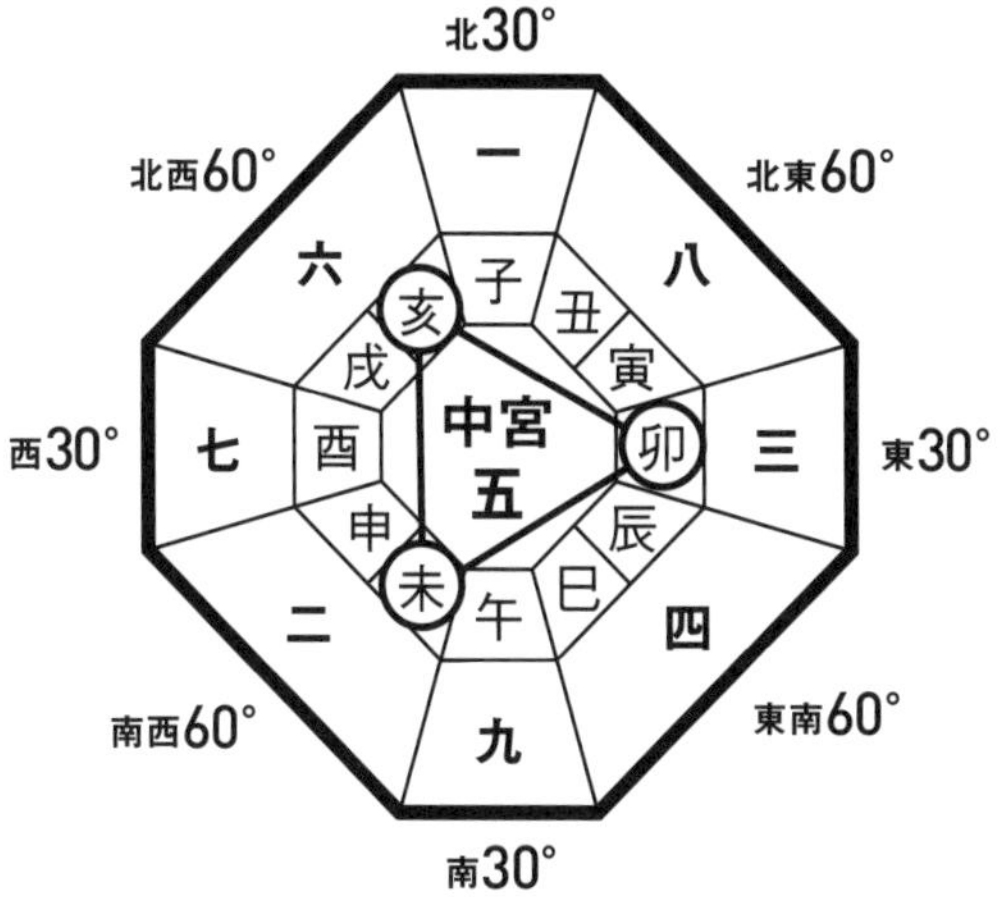

●同じ気を持つ3つの方位に3年以内に行き、地図上に三角形を完成させます。
●正三角形がベストですが、こだわりすぎないこと。

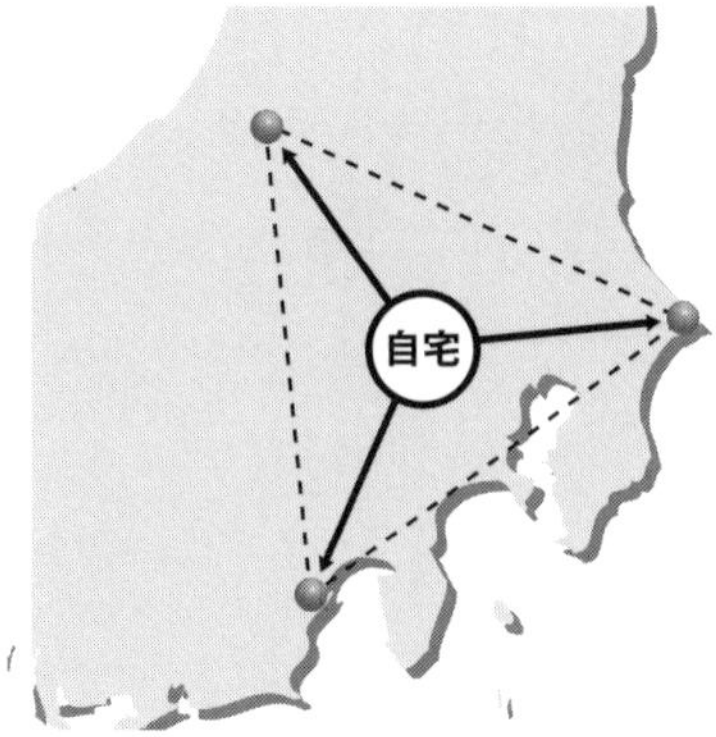

ちなみに、五行の相生関係によって、吉方位の多い本命星と、少ない本命星があります。吉方位の多い本命星の場合、たやすく三合法がつくれますが、少ない本命星の場合は、三合法を実行するのに時間がかかってしまうと思います。ただし、吉方位の少ない人は、その分、運気が１カ所に大きく集まっているため、一度出かければ、ほかの星の人よりも、大きく運気を持ち帰ることができるという性質を持ちます。

どの本命星の人も、ゆっくりと無理をしないで、三合法を活用していきましょう。

私の旅の過ごし方②

国内旅行の楽しみ

日本を旅していると、同じ場所に出かけても、季節によってまったく違う場所に来たかのような気持ちになることがあります。本当に「四季」って素晴らしいな、と感じることもしばしば。もちろん、海外で四季を感じることもありますが、日本ほど季節を豊かに感じられる場所は、多くないと思います。

特に、私は桜の季節と紅葉の季節に旅をするのが大好きです。季節を意識する旅は、方位の運気以外に、チャンスやタイミングに恵まれやすくなるというメリットもあるんですよ。

また、私の国内旅行のもう一つの楽しみは「食」。日本ほど、季節ごとに豊かな食を楽しめる国はないんじゃないかな、とも思います。たとえば、「越前ガニを食べに行こう！」など、旅のテーマを食にしぼって出かけるのも運気の吸収に効果的なんですよ。

私は主人と旅行に出かけることが多いのですが、二人ともおいしいものが大好きなので、いつも「その季節にその場所でしか食べられないもの」を求めて旅先を決めています。ただ旅行に出かけるよりも、ワクワク感が広がりますよね。

その土地のものを食べるのは、その土地から運気を分けていただくためのポイントでもありますので、食を楽しみながら旅行風水を実践するのは最も効果的な方法なのではないでしょうか。

そこまで食を求めない場合でも、その土地の郷土料理を食べる、地酒や地ビールを飲むなど、その土地を意識して食事をすることが大切。特に、アルコールはほかの飲み物よりも運気の吸収率のいい飲み物なので、お酒が飲める人はぜひいただいて。

もちろん、旅程に支障が出るほど飲みすぎるのは厳禁ですよ。あくまでも旅先では「楽しむ」ことが大切です。アルコールが苦手な方は、おみやげに買って帰ってお風呂に入れたり、現地では香水をつける要領でちょっとだけ手首につけたりしても効果があるので、試してくださいね。

第3章

どこへ行ったらいいの?

本命星から吉方位を割り出し、その方角に出かけましょう

では、具体的に、どこへ旅行に出かければいいのでしょうか?

旅行風水を実践する場合、最も大切なのは、自分の吉方位から行き先を決めることです。

まずは、自分の本命星（１８３ページ）から吉方位（１８５ページ〜）を割り出しましょう。次に、地図などから、自分の吉方位にあたる場所で、行きたいところを旅行先に決めるのが、最もわかりやすい方法です。

それでは、旅行風水が効果を発揮するのは、どのくらいの距離からになるのでしょうか? 通常、土地の気の影響を受けるのは、自宅から35キロメートル以上離れた土地からとされています。35キロメートル以内の土地は、自分の地盤となるため、方位

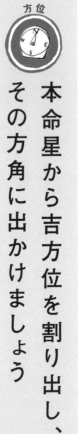

の気が作用しません。ですから、旅行風水を実践する際には、35キロメートル以上離れた土地を選ぶことが大切です。

よく、近所のスーパーや公園に行くにも方位を気にする人がいますが、これはまったく無意味なこと。温泉の場合も、近所であれば方位の気は影響しません。大地の気は、そんなに小さく作用するものではないのです。方位に踊らされて、自分の行動範囲を狭めないよう、くれぐれも注意してください。

また、生まれ育った実家に帰る場合も、方位の気は作用しません。生まれ育った土地は自分の土地となるため、たとえ凶方位でも、大きな影響はありません。ただし、凶方位で帰省する場合は、温泉などには入らないよう注意しましょう。

一方、注意したいのは、自分が家を出たあとに、ご両親が引っ越しをした場合です。半年以上、生活したことのある家や土地ならば、先に言ったように、帰省しても方位の影響は受けませんが、まったく生活をしたことがない家や土地の場合、方位の影響を受けることになります。凶方位に帰省した場合は、そのあと、自分の吉方位へ出かけるなどの処置を心がけましょう。

方位

磁北の出し方が重要です

旅行風水で方位を割り出す場合、方位は、地図上の真北ではなく、磁北を中心に計ります。磁北は、真北より、東京の場合は約7度西偏しますので、地図上に線を引く場合、地図の真北より約7度左側に傾けて、線を引いてみましょう。

西偏角度は、地域によって、また時期によって変わります。

また、地図上に線を引いてみて、ちょうど方位の境にあたったりと、どちらの方位になるのかわからない場所へ出かけるのはできるだけ避け、きちんと方位のわかる場所に行くよう心がけて。ただ、方位のわからない場所にどうしても出かけたい場合は、あまり神経質にならずに、自分にとって吉方位と意識して出かけましょう。自分がそう意識することで、方位の気は、吉方位としての現象をもたらします。「凶方位かも……」と思うことで、逆に凶意を呼び込むこともありますので、注意して。
左に主要都市の西偏角度を記しました。参考にして方位を計りましょう。

札幌　9・2度
秋田　8・1度
仙台　8・0度
東京　7・0度
名古屋　7・1度
大阪　7・0度
福岡　7・0度
那覇　4・4度

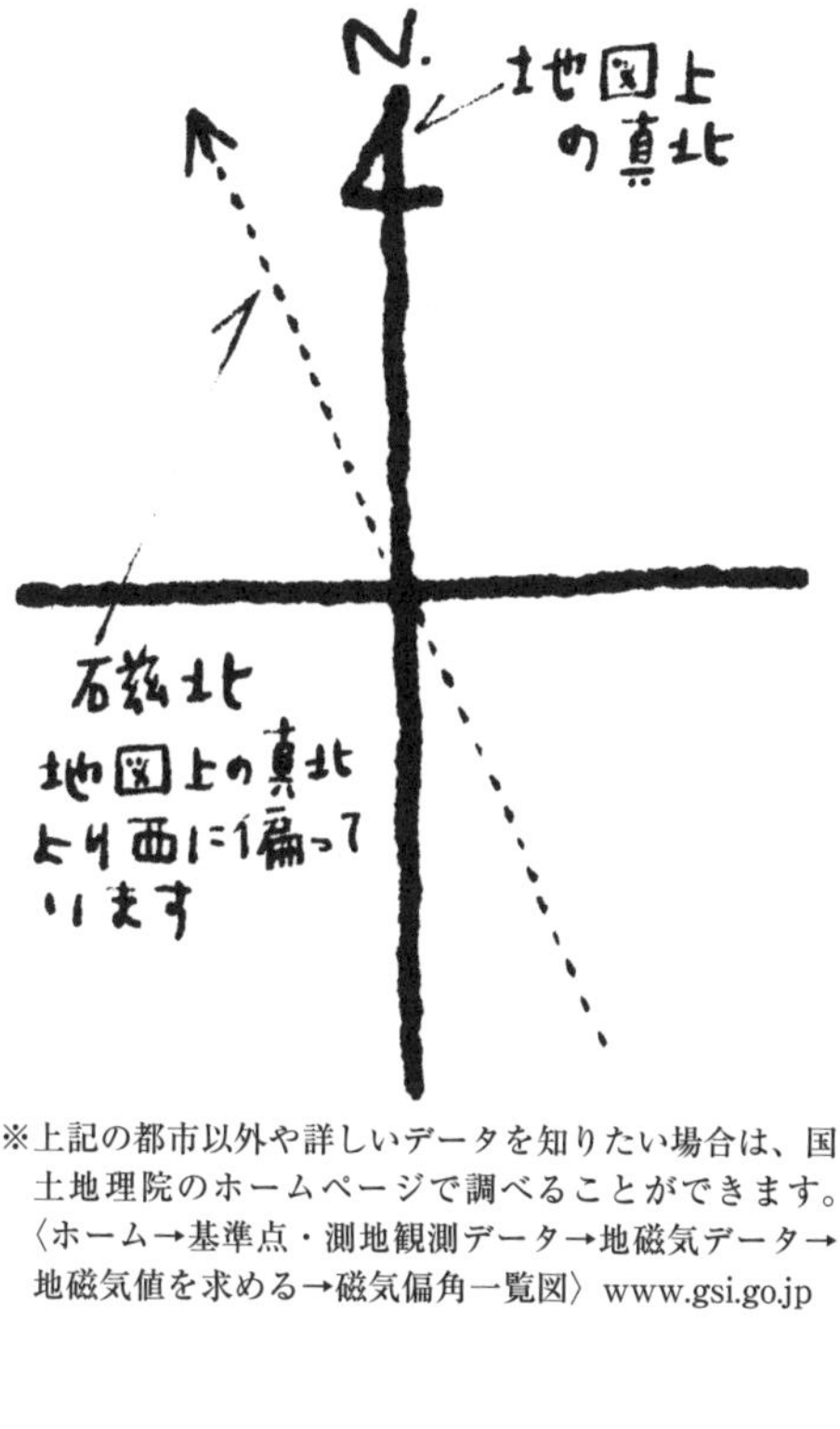

※上記の都市以外や詳しいデータを知りたい場合は、国土地理院のホームページで調べることができます。〈ホーム→基準点・測地観測データ→地磁気データ→地磁気値を求める→磁気偏角一覧図〉 www.gsi.go.jp

それぞれの方位が基本の運気を持っています

それぞれの方位には、基本として持っている運気がありますが（54ページから方位ごとに解説しています）、それにプラスして、各方位に廻ってくる星の持つ運も加わるため、年ごとに、基本の運にプラスされる運気があります。１９４ページからの「付録2」をご参照ください。

各方位が基本に持つ運気と色

●これら基本の運気に、年ごとにプラスされる運気が加わります。

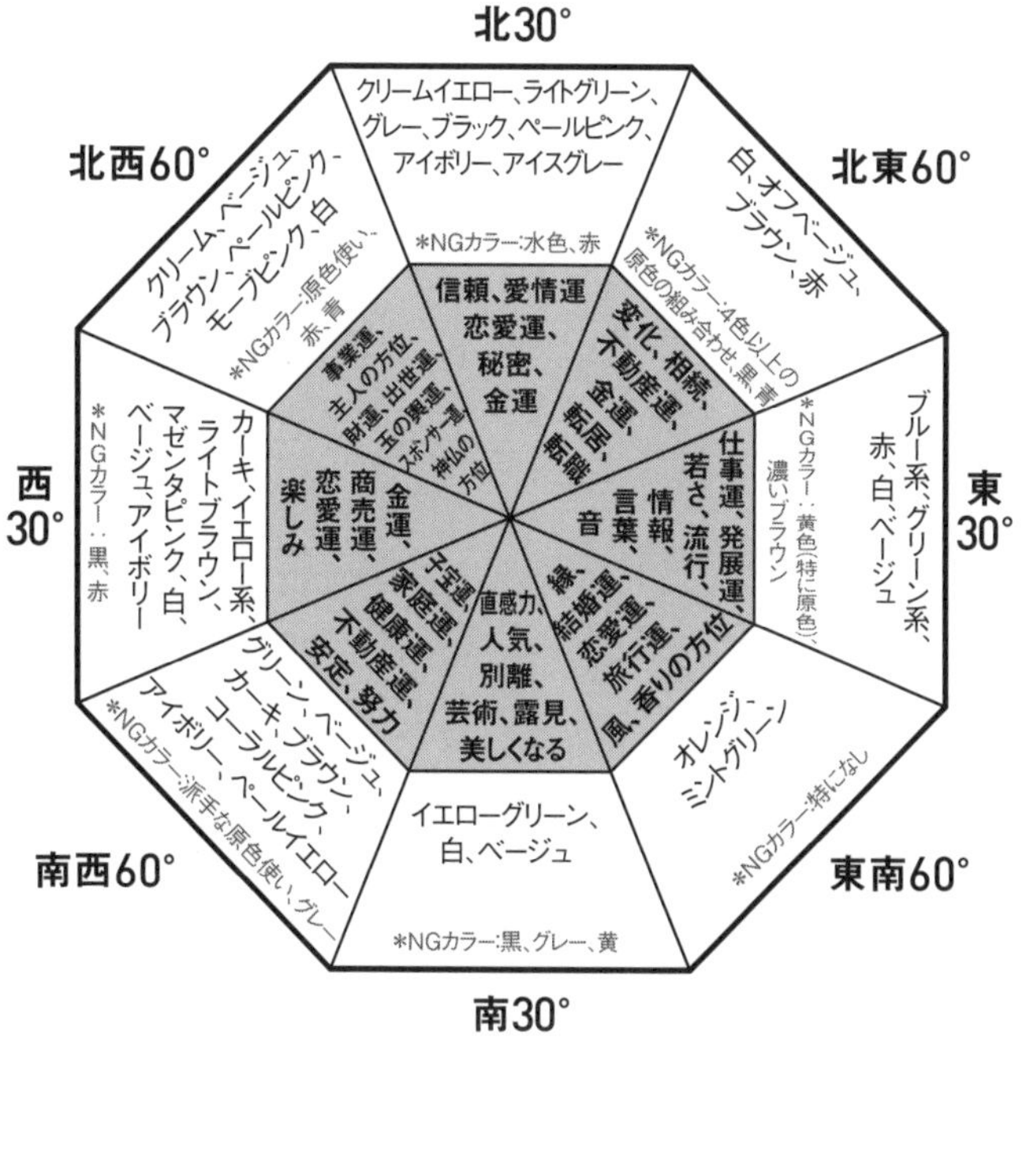

北（一白水星）方位

＊ここでの「一白水星」は北方位の象意で、本命星を表すものではありません。

北は、水の気を持つ方位。水の気は、ゆったりと流れ、また、様々な気を吸収する性質があります。北方位に出かけるときには、心や体に無理をさせず、日頃のストレスを流すつもりで出かけましょう。カップルや親しいお友達と出かけるのに最適な方位です。

方位の持つ運気

- 愛情運
- 恋愛運
- 金運
- 信頼を築く
- 女性は女性らしく、男性は男性らしくなる
- 援助を受ける
- 髪や肌がきれいになる（特に女性）
- 容姿が美しくなる
- お金を増やす
- 健康運
- 人と深くつながる

旅行のスタイル

- ゆったり、リラックスを目的とした旅にする
- スケジュールにゆとりを持つ
- 観光はのんびりと楽しむ
- 温泉旅行

泊まる場所

- 隠れ家風の宿
- 秘湯の宿
- 露天風呂つき客室
- ヴィラや離れ
- 水辺（川沿い、湖畔、湖上など）の宿
- 絶景の宿

開運行動

- 温泉露天風呂に入る
- 水辺に出かける
- 北枕で寝る
- 水を飲む（一日約1・5リットル）
- 歓楽街へ遊びに行く
- 水辺で写真を撮り、帰ってから飾る
- 好きな人や親しい人に手紙や絵葉書を書く
- きれいな風景を写真に撮ったり、描いたりする
- 季節の花を見に行く
- 普段使いのジュエリーを持っていき、きれいな水で浄化する
- 植物園へ行く
- リンパマッサージをする
- よく寝る
- シートパックなど、肌の保湿ケアをする
- お酒を飲む。飲めない人は甘い味のソフトドリンクを飲む

ファッション

- ペールピンク×アイボリー、アイスグレー（女性）
- クリームイエロー、ライトグリーン、

グレー、ブラック（男性）
●エレガントで女性らしいファッション（女性）
●素材重視のスタイリッシュファッション（男性）
●大人のフェミニン（女性）
●シフォンやオーガンジーなど透け感のあるもの
●大人のフリルやレース
●ニットやジャージー素材などソフトにボディーラインの出る服
●エレガントな下着を身に着ける
●カシュクール
●ハートモチーフ、月モチーフ、ティアドロップ、ローズモチーフのアクセサリー
●パールアクセサリー。特に淡水パールが◎
●ロングネックレス
●ストールやスカーフなど柔らかい素材の巻き物

食べ物・飲み物

●豆腐や湯葉料理
●クリームソース
●魚のお刺身やカルパッチョ
●川魚

●海藻
●ポタージュスープ
●見た目が美しい料理
●きのこ料理
●黒豆や黒豆のスイーツ

●水菓子
●牛乳やミルクデザート
●ゼリーなどプルプルした食感のもの
●ソフトクリーム
●コーヒー
●日本酒・ロゼワイン・甘酒

おみやげ

●地酒
●生クリームのスイーツ
●小銭入れ
●ガラスの置物
●ヘアアクセサリー

- 肌ケアグッズ
- アクセサリー全般
- レースのハンカチ

帰ってきてから表れる凶意

- 隠しごとや秘密が露見する
- 信頼している人に裏切られる
- 異性とのトラブル
- ストレスがひどくなる
- 冷え性になる
- 使途不明金が増える
- 肌荒れや、髪のトラブル
- 女性特有の病気、男性は内臓の病気

凶方位に行く場合の対処法

- 自分にとって吉方位の水を持っていき、着いたらすぐに飲む（500ミリリットルほど）
- お酒の飲みすぎに注意する
- 余計なことを話さない
- 余分なお金を持っていく
- 異性の誘いに乗らない
- 帰宅後は旅行の話をあまりしない
- 胸元を隠した服で出かける

南西（二黒土星）方位

＊ここでの「二黒土星」は南西方位の象意で、本命星を表すものではありません。

南西は、大地を表す土の気を持つ方位。土の気をじっくりと吸収するためには、あまり動き回らず、1カ所でゆっくりと過ごしましょう。家族や同僚、気の合う仲間など、生活の基盤が一緒の人と出かけることで、運気はさらに上がります。

方位の持つ運気

- 家庭運
- 結婚運
- 健康運
- 子宝運
- 不動産運

- 努力が実る
- 人に認められる
- 生活や地位が安定する
- トラウマを解消する

旅行のスタイル

- 滞在型の旅行
- 上質な旅を安価にコーディネートする
- 郷土を意識する
- 家族や仲間と出かける

泊まる場所

- 低層階の宿
- 庭園のある宿
- キッチンやリビングつきの客室を備えた宿
- 家庭的な宿
- 移築した古民家など、郷土を意識した宿
- 老舗の温泉旅館
- 高級宿に安く泊まる
- 民泊など短期で家を借りる

開運行動

- ウォーキング
- ピクニックやバーベキューに出かける
- 低い山に登る（徒歩でも車でも○）
- 果物狩りに出かける、もしくは直販所で果物を買う
- 陶芸体験をする、陶器を買う

・温泉などでゆっくり過ごす
・マルチビタミンを飲む
・史跡を訪ねる

・足のマッサージをする
・アウトレットなどで上質なものを安く買う
・アウトドアを楽しむ
・団体旅行や、家族旅行をする
・家族写真を撮る
・いつもより早めに寝る

ファッション

・コーラル×アイボリーベージュ、ベージュ、ペールイエロー、ペールグリーン（女性）
・グリーン、カーキ、ブラウン、ベージュ（男性）
・ストレッチやニットなど伸縮素材のもの
・アンサンブルやセットアップのもの

- スクエアネックの服、スクエアトウの靴
- フォークロアなどナチュラルなイメージのファッション
- ストレッチパンツやガウチョパンツ
- ローヒールの靴、ウェッジソールの靴
- 右手にバングルをつける
- 靴下のおしゃれを楽しむ
- ボタンやポケットに特徴のある服
- 着物、浴衣

食べ物・飲み物

- 郷土料理
- 家庭料理
- 根菜類
- 煮込み料理
- その土地の食材を使った鍋料理

・味噌料理
・丼もの
・その土地の果物
・熟成肉
・粉もの
・焼き菓子（特にパイやタルト）
・お団子
・ほうじ茶など、茶色いお茶
・フルーツティー、フルーツジュース
・スムージー
・焼酎、梅酒、地酒

おみやげ

・普段使いの食器
・お箸、箸置き
・お茶
・花や果物の苗や種
・日用品全般
・ルームウェア
・和雑貨
・クッキー
・肉の加工品
・ブレスレットやバングル
・安くて上質なもの全般

帰ってきてから表れる凶意

- 家庭内のトラブル
- 虚脱感を感じる
- 疲れやすくなる
- 仕事でミスを起こしやすい

- 年齢より老けて見られる
- 太りやすくなる
- 胃腸のトラブル

凶方位に行くときの対処法

- 陶器製のマイカップを持っていく
- 高価なものを買わない
- 食あたりに注意する
- 胃腸薬を持っていく
- 宿泊施設や食事など、情報を事前にきちんと調べていく
- 早めに寝る
- 中指に指輪をつけて出かける

東（三碧木星）方位

＊ここでの「三碧木星」は東方位の象意で、本命星を表すものではありません。

東は、木の気を持つ方位。木の気は、運気の流れが速く動きます。この方位では、行動力が運気吸収のポイントに。特に、情報や流行などを意識して旅のスタイルを決めましょう。

方位の持つ運気

- 仕事運
- 発展運
- 若返る
- 成長運
- 行動力アップ

- 学力アップ
- 言語力や語学力アップ
- やる気や元気が出る
- チャンスに強くなる
- 子供の運が育つ

旅行のスタイル

- 最短時間で移動する
- のんびりするよりは行動的に
- 旅行の目的やペースが同じ人と出かける

泊まる場所

- アミューズメントパーク併設の宿
- スポーツ施設つきの宿
- ネット環境の整った宿
- モダンなインテリアの宿
- デザイナーズホテル
- ニューオープンの宿
- オーディオにこだわった宿

開運行動

- 朝日を浴びる
- 好きな音楽をダウンロードする
- 携帯の着信音を変える
- 時計の時間を合わせる
- ベストセラー本を読む
- 最短ルートで目的地に行く
- トレンドスポットに行く
- アミューズメントパークに行く
- 植物園に行く

- 最新の映画やミュージカルを見る
- スポーツをしたり、スポーツ観戦をする
- 星空を見上げる
- よい言霊を話す
- 写真を撮る
- 未来について語る
- 歌を歌う
- みんなでゲームをする
- 電子マネーを利用する

ファッション

- チェリーレッド、ペールブルー、

ターコイズブルー（女性）
●ブルー系、グリーン系、赤のライン（男性）
●トレンドを意識したカジュアルファッション
●デニムパンツやデニムワンピース
●アメリカンカジュアル
●スポーツブランドの服
●コットンやリネンの服
●英字などメッセージ入りのトップス
●スタイリッシュなスニーカー
●ルビー、ガーネット、ターコイズのアクセサリー
●星モチーフやギンガムチェック、ボーダー柄

食べ物・飲み物

●酸っぱいもの
●寿司
●グレープフルーツ
●ハンバーガーやホットドッグ
●サラダ
●ナッツ類
●そら豆やグリンピースなど豆を使った料理
●アスパラガス、たけのこ
●エッグベネディクト

- いちごやいちご味のもの
- 緑茶
- スパークリングワイン

おみやげ

- 時計
- オルゴール
- 神社のお守りなどの鈴
- 仕事道具
- スマホカバー
- デザイン性のあるステーショナリー
- 魚介類
- 調味料
- チョコレート

帰ってきてから表れる凶意

- 騒音など音のトラブルや、人の話し声に悩まされる
- 行動力がダウンする
- 忙しくなりすぎる
- のどが悪くなる
- イライラする
- 仕事上のトラブル
- スケジュールのミスを起こしやすくなる

凶方位に行く場合の対処法

- 好きな音楽を聴きながら行く
- スケジュールをしっかりと決めて出かける
- 時間に余裕を持つ
- 余計なことには口を挟まない
- のど飴を持っていく
- 口紅をつけない

東南（四緑木星）方位

＊ここでの「四緑木星」は東南方位の象意で、本命星を表すものではありません。

東南は、風の気を持つ方位。風は、縁を運んでくれる作用があります。この方位へは、風の流れを意識して出かけると、運気の吸収がスムーズ。フレアラインのスカートや、ウェーブへアなど、あなたが風の流れを感じるものを意識して出かけてみましょう。

方位の持つ運気

- 出会い運
- 恋愛運
- 結婚運
- 人間関係運
- 社交運
- 貿易や流通に関する運気

旅行のスタイル

- 女性同士で行く
- 男性の場合は女性と行く
- 新しい発見をする旅

●スケジュールにとらわれない旅

泊まる場所

●明るいイメージの宿
●風通しのいいリゾートホテル
●女性向けのアメニティが充実した宿
●バルコニーつき、もしくは窓からの景色のいい宿
●ヨットハーバーや港の見える宿
●空港や駅直結のホテル
●花の名前の宿

開運行動

●SNSに旅行の様子を投稿する
●ネットの口コミ情報を調べて出かける
●ショッピングを楽しむ、ショッピングモールへ出かける
●香りを身に着ける
●ヘアサロンやネイルサロンへ行く
●アロママッサージを受ける
●花を買って部屋に飾る
●フラワーパークへ行く
●オープンカフェに立ち寄る
●船に乗る
●駅や空港で写真を撮る

・おしゃれをする
・雑貨屋に立ち寄る
・初めての体験をする

ファッション

・オレンジ、ミントグリーン（男女とも）
・風通しのいい服
・フェミニンなイメージ（女性）
・さわやかなイメージ（男性）
・リゾート風ワンピース
・可愛い下着を身に着ける
・リボンモチーフ
・フラワーモチーフ
・フリンジやフリル
・ストール
・ドルマンスリーブのトップス
・スクエアネックの服
・カゴバッグ、コットンバッグ
・ミュールやサンダル
・ピンクトルマリンのアクセサリー
・左手にブレスレットをつける

食べ物・飲み物

・トマトソースのロングパスタ
・うどんやフォーなど麺類

●ハーブを使った料理
●マーマレード
●クルミ
●ロール寿司
●洋風シーフード料理
●柑橘系のドレッシング
●ココナッツミルク
●フルーツデザート
●ハーブティー、フレーバーティー
●ミモザ（カクテル）
●ロゼワイン

おみやげ

- アロマグッズ
- 石鹸やコスメ、ボディケアグッズ
- アクセサリー
- 布製品
- ネイルオイルなどネイルグッズ
- 可愛い下着
- ファッション小物
- ガラス製品
- ナッツ類
- 魚介の加工品
- フルーツ

帰ってきてから表れる凶意

- 悪口や噂話に悩まされる
- 人間関係のトラブルに巻き込まれる
- 縁が途切れる
- 体がむくむ
- 風邪をひく
- 肌荒れやダメージヘア

凶方位に行く場合の対処法

- アロマオイルなど香りのグッズを持っていく
- においの強い食事は避ける

- 夜更かしをしない
- SNSなどに旅行の話をアップしない
- 帰宅後、旅行の話を人にしない

北西（六白金星）方位

＊ここでの「六白金星」は北西方位の象意で、本命星を表すものではありません。

北西は、金の気を持つ方位。特に、自分のステータスやグレードを上げてくれる効果のある方位です。この方位では、自分のことだけではなく、人にやさしくする心を持つことが大切。
また、「主人の方位」とも言われ、特に男性に使ってほしい方位です。

方位の持つ運気

- ステータス運
- 出世運
- 財運
- 玉の輿運

- 事業運
- 人の援助を得る
- グレードを上げる
- 成功に導く

旅行のスタイル

- 旅のグレードを上げる
- 歴史的な場所にこだわる
- 興味のあるものをゆっくり見て回る

泊まる場所

- 王族や皇室ゆかりの由緒ある宿
- ファイブスターホテル
- 歴史的建造物を利用した宿
- シャトーホテル
- 渓流沿いに建つ宿
- 老舗の宿

- ベッドや枕など眠る環境にこだわった宿

開運行動

- 有名な神社や教会へ行く
- 美術館、博物館へ行く
- お城や史跡を訪ねる
- きれいな水辺に行く
- 募金をする
- ジュエリーショップに行く
- 仕事道具を持っていく
- 競馬などプチギャンブルをする
- 宝くじを買う

- きれいな言葉を使うよう心がける
- 星つきのレストランへ出かける
- 一流ホテルのティーサロンへ行く
- 携帯の着信音をクラシックにする
- リンパマッサージをする

ファッション

- ペールピンク、モーブピンク、アイボリーベージュ（女性）
- クリーム、ベージュ、ブラウン（男性）
- コンサバファッション
- クラシカルなイメージ
- カシミア、シルクなどの上質素材を身

に着ける
●ソフトなイメージのジャケット（男性）
●シャツワンピース
●ポロワンピース
●ボートネックの服
●パールアクセサリー
●プラチナジュエリー
●スカーフ
●ストライプ柄、ドット柄
●ハイブランドのカジュアルライン
●クラウンやティアラモチーフのアクセサリー
●ストラップシューズ

食べ物・飲み物

●その土地の伝統料理
●コース料理
●懐石やフレンチ
●白米
●発酵食品
●日本発祥の洋食料理
●ソースにこだわった料理
●アクアパッツァ
●メロン
●ラ・フランス
●白玉入りの甘味
●おまんじゅう

- ババロアやムース
- 高級なチョコレート
- 抹茶
- 白ワイン、濁り酒

おみやげ

- 老舗のお菓子
- 地酒
- 金箔のもの
- 神社のお守り
- 天然石
- 陶磁器、ガラス製品
- 高級なペン

- ノートや手帳
- ハイブランドのもの
- 洋食器

帰ってから表れる凶意

- 両親や上司など、自分をサポートしてくれている人とのトラブル
- 無駄遣いをしてしまう
- ギャンブルにはまる
- 体の左側にケガをしやすくなる
- 体調がダウンする
- 評価が下がる

凶方位に行く場合の対処法

- グリーンの石を持っていく
- 大金を持っていかない
- カードで支払いをしない
- 有名な神社や教会に行く
- 帰宅後、お墓参りに行くか仏壇に手を合わせる
- できるだけ白米を食べる

西（七赤金星）方位

＊ここでの「七赤金星」は西方位の象意で、本命星を表すものではありません。

西は、金の気を持つ方位。金の気は、様々な意味で豊かさをもたらしてくれます。豊かさとは金運だけでなく、心の中も大切な要素。この方位の気を吸収すると、生活が楽しくなり、また、金銭的なことだけではなく、心の豊かさももたらしてくれます。

方位の持つ運気

- 金運
- 恋愛運
- 豊かさや楽しみごとをもたらす
- 商売運
- 性格が明るくなる
- 人生を充実させる

旅行のスタイル

- いつもより少し豪華な旅
- おいしいものをたくさん食べるグルメ旅行

●楽しむための旅行に徹する

泊まる場所

●ハイグレードな宿
●料理がおいしいと評判の宿
●オーベルジュ
●遊びの施設が充実した宿
●ヨーロピアンスタイルの宿
●水辺の宿
●ネームバリューのある宿
●花の咲く庭のある宿
●有名レストランの入っている宿

開運行動

- 笑う
- お寺巡り
- 新しい財布や小銭入れを買う
- 評判のレストランやスイーツ店に行く
- 古い下着を捨ててくる
- 銀行に行き入金する（引き出すのも○）
- 地元の人とおしゃべりする
- カラオケに行く
- ブランドショップに立ち寄る
- ワイナリーや酒蔵に行く
- 夕日を見る
- 食事をけちらない
- デザートを食べる
- 小銭を使う
- 肌を保湿する
- 歯磨きを丁寧にする
- ハッピーな言霊を話す
- 自分にとって価値のあるものを買う
- 有名パティシエの店に行く

ファッション

- パステルイエロー、マゼンタピンク、アイボリー（女性）
- カーキ、イエローベージュ、ライトブ

ラウン（男性）
●遊び心を取り入れたデザイン
●ふんわりと可愛らしいイメージ
●プチセレブ風
●胸元に切り替えがあったり、胸元が強調された服
●フレアスカート
●パフスリーブ
●ラウンドネックの服
●ペディキュアをする
●ピンクサファイアのジュエリー
●ゴールドジュエリー
●ラウンドトウの靴
●ストレッチブーツ、バックストラップシューズ
●ドット柄

食べ物・飲み物

●おいしいものすべて
●チーズ料理
●鶏肉料理
●粉もの
●柚子を使った料理
●調味料にこだわった料理
●はちみつ
●フルーツのジャム
●カスタードを使ったスイーツ

・栗を使ったスイーツ
・桃のスイーツ

・紅茶
・地ビール
・赤ワイン

おみやげ

・小銭入れ
・歯磨きグッズ
・ブランドのコスメ
・ヨーロピアンな置物
・キッチン雑貨
・お寺で買った鈴
・地元のスイーツ
・カスタードのスイーツ

- 手鏡
- マグカップ
- インナー

帰ってから表れる凶意

- 一時的にお金に困る
- 無駄遣いをしてしまう
- 太りやすくなる
- 虫歯や口内炎など歯や口内のトラブル
- お酒の席での失敗
- 悪い異性に好かれる
- 仕事をする気にならない

凶方位に行く場合の対処法

- 人に食事をごちそうする
- 白い下着を身に着けていく
- 無駄なお金を少し使ってくる
- お酒を控える
- 異性とのトラブルに注意する
- 帰宅したら、着ていった衣服もしくは下着を処分する

北東（八白土星）方位

＊ここでの「八白土星」は北東方位の象意で、本命星を表すものではありません。

北東は、土の気を持つ方位。この方位は、土の中でも「山」を表します。この方位を使うと、大地が隆起してできる山のように、良い意味での変化と継続の運気をもたらしてくれます。日常との変化を楽しむ旅が運気吸収のポイント。

方位の持つ運気

- 良い意味での変化運
- 物事を継続させる
- 浄化と再生をうながす
- 貯蓄運
- 転職運
- 不動産運
- 相続がスムーズに行える
- 新しいチャンスを呼び込む

旅行のスタイル

- 日常との変化を楽しむ旅

- ストレスを流す旅
- 新しい土地へ出かけてみる

泊まる場所

- 高層にある宿（または高層階の客室を指定する）
- 季節の景色が楽しめる宿
- 山の上にある宿
- リニューアルした老舗の宿
- 白を基調にした宿
- 清潔な宿
- 絶景の宿
- 和モダンな宿

- 和洋室
- 自宅とまったく違うインテリアテイストの宿

開運行動

- 新しい下着を着て出かける
- 非日常を楽しむ
- 山に登る（乗り物を使っても◯）
- 山の上にある寺社に行く
- 高いところから朝日を見る
- タワーに登る
- 牧場へ行く
- 季節の風景を楽しむ
- 風景写真を撮り、帰ったら飾る
- ガーデニングショップに立ち寄る
- 陶芸体験をする
- 絵葉書を書く
- スキーなどウィンタースポーツを楽しむ
- 渓流を見る
- 温泉に入る
- 空を見る
- 普段できないことにチャレンジする
- 肌触りのいいパジャマを持っていく

ファッション

- 白ベースに赤（女性）
- 白、アイボリーベージュ、ブラウン、赤（男性）
- 清潔感のあるイメージ（男性）

- 清楚なイメージ（女性）
- ニットなどストレッチ素材
- 襟つきの服
- アンサンブル
- ベルトをファッションポイントにする
- ウェッジソールの靴
- 白い下着を身に着けて出かける
- ボタンやポケットに特徴のある服

食べ物・飲み物

- 牛肉の料理
- 段重ねのお弁当
- ソーセージやハムなど肉の加工品

- 漬物
- ヨーグルト
- 乳製品
- アフタヌーンティー
- サンドイッチ
- 天然酵母のパン
- 高級食材を使った鍋料理
- わさび
- スパイスのきいた料理
- 和洋折衷のスイーツ
- リンゴや、リンゴを使ったスイーツ
- 小豆を使ったスイーツ
- ほうじ茶など、茶色いお茶
- ラム、ジン

おみやげ

- 小豆を使ったスイーツ
- ミニグリーン
- 木製の雑貨
- 陶器
- バスソルト
- 塩
- ボディケアグッズ
- セットのもの

帰ってきてから表れる凶意

- ケガ、事故、ケンカなど、トラブルに巻き込まれやすくなる
- 貯蓄が減る
- 渋滞に巻き込まれたり、スケジュールがくるったりする
- 腰痛、肩こり、関節痛など痛みに悩まされる
- イライラしやすくなる

凶方位に行く場合の対処法

- 水晶のアクセサリーを身に着けていく
- 天然塩を持っていき枕元に置く
- 常備薬を持っていく
- 白いハンカチを持っていく
- 無理なスケジュールを立てない
- 高いところに登らない
- 交差点など道がクロスするところに注意する

南（九紫火星）方位

＊ここでの「九紫火星」は南方位の象意で、本命星を表すものではありません。

南は、火の気を持つ方位。悪い運気を強烈に燃やす作用があるため、最初に向かう方位として最もおすすめです。悪い気を浄化してほかの方位に出かけると、運気の吸収がスムーズになるためです。また、この方位は美と知を司るため、美しくなりたい人や、知的になってステータスを上げたい人に最適です。

方位の持つ運気

- ステータス運
- ビューティ運
- 人気運
- 知性が身につく

- 浄化される
- ダイエットに成功する
- 直観力が上がる
- 悪縁が切れる
- 芸術性アップ
- 隠れた才能が開花する

旅行のスタイル

- リゾートの旅
- 美しくなるための旅にする
- 感性を磨くための旅にする

泊まる場所

- 有名スパやエステのある宿
- ビーチリゾート
- エコリゾート
- センスのいいインテリアの宿
- アートホテル
- オーシャンビューの宿

- セレブの訪れるような宿
- メゾネットルームの宿
- デザインに特徴のあるプールのある宿
- 新鮮な海鮮類が食べられる宿

開運行動

- リラックスする
- 服装のＴＰＯをわきまえ、おしゃれをする
- スパやエステに行く
- キレイなビーチやプールサイドで過ごす
- 神社や教会、パワースポットへ行く

- 「聖地」と呼ばれる場所へ行く
- 海を見る
- 同じ場所に2度行く
- サングラスを買う
- アイケアをする
- アイメイクをしっかりして出かける
- アートに触れる
- 太陽からパワーをもらう
- 記念日に旅行する
- 岩盤浴やサウナなどでデトックスする
- ソルトバスに入る
- 本やネットなどから知識を得る
- キャンドルを焚く

ファッション

- イエローグリーン、白、ベージュ（男女とも）
- トレンドを意識したセンスのいいファッション
- バカンス風やマリン風
- コットンやリネン素材のもの
- ノースリーブ、ミニスカート
- ラインストーンやビジューのついたトップス
- キラキラのファッション小物
- ミュールやサンダル
- 蝶モチーフやクロスモチーフのアクセサリー
- 馬蹄モチーフのアクセサリー
- ダイヤモンドジュエリー

食べ物・飲み物

- シーフード料理
- エビやカニを使った料理
- 炭火焼きグリルの料理
- 揚げ物、炒め物

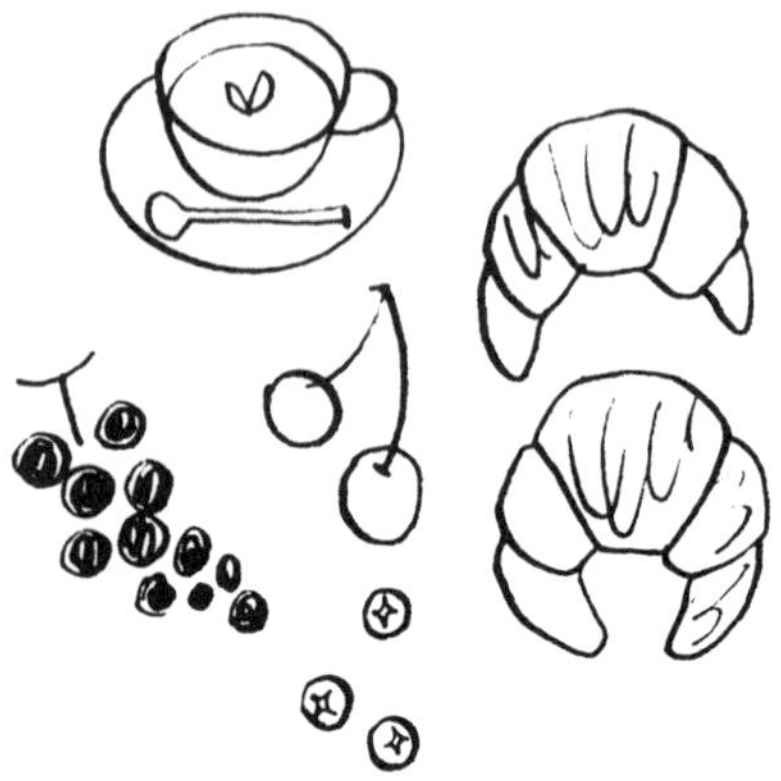

- 点心
- 天丼や天ぷら
- 塩でいただく料理
- オリーブオイルを使った料理
- カリスマシェフの料理
- 辛い料理
- クロワッサン
- チェリー、ブルーベリー、マスカット
- シャンパンカクテル

おみやげ

- 耳に着けるアクセサリー
- キラキラしたファッション雑貨

- ガラス製品
- アイケア用品
- ボディケアグッズ
- コスメ
- サングラス
- ブランド小物
- 名刺入れやパスケース

帰ってきてから表れる凶意

- 秘密が表ざたになる
- イライラして攻撃的になる
- パートナーとケンカをしやすくなる
- 肌荒れに悩まされる

- 金銭関係のトラブル

凶方位に行くときの対処法

- 帽子をかぶっていく
- 額と耳、胸元を隠す
- できるだけ日光に当たらないようにする
- 高価なものは持っていかない
- 単独行動をとらない
- 忘れ物に注意する
- マイカップを持っていく

私の旅の過ごし方③

開運行動の取り入れ方

自分で提案しておいて、こんなことを言うのは何ですが、開運行動って多すぎますよね？　どれも全部実践したいけど、さすがにそうしていたら旅行を楽しむどころか、開運行動に追われる旅になってしまいます。

もちろん、旅行風水で大きな成果を上げたいなら、できる限り開運行動を実践することが大切ですが、本来、旅行は楽しむためのもの。いっぱいいっぱいにならない程度に開運行動を実践していただきたいと思います。

私の場合、旅行先を決めたら、まずそこでやりたいと思う開運行動をピックアップ。それから、日程内でできることをスケジューリングしていきます。情報を事前にリサーチして、できることをプランに入れて予約をしたり、場所を調べたりして、開運行動をしぼっていきます。

昔と違って今は、何でもすぐに検索して調べられますから便利ですよね。調べた時点で、「予算オーバーかな?」「遠すぎて行けないかな?」など、実行できないことがわかれば、その他のプランを練ることもできますし。

ただし、予定はあくまで予定。実際に出かけてみて、素敵な場所を見つけたり、やってみたいことを見つけたりしたら、私はすぐに予定変更しちゃいます。いくら事前に調べていても、行ってみないとわからないことってたくさんありますものね。

もちろん、予約などをしていた場合はご迷惑にならないようにしないといけないのですが。

たまに、自分の立てたスケジュールにとらわれすぎて、「行ってみたら、ほかにいいところがたくさんあって残念だった」という声を聞きますが、旅行は「風」の気を持つ行動ですので、心を自由にすることが大切なんですよ。スケジュールをしっかり決めていたとしても、その場ですぐプラン変更できるくらいの自由さを持って出かけましょうね。

旅行に出かけるときにマストで実践していただきたい開運行動は、出発のときにその方位に合ったファッションで出かけること。カラーやファッションテイストなどを取り入れたお洋服で出かけると、その方位から受ける運気が大きく変わります。旅行中毎日そのファッションである必要はありませんが、旅の「始まり」である出発時にはぜひ取り入れてくださいね。

方位

凶方位へ行くときの7つの防御法

凶方位へは、できるだけ出かけないことが理想ですが、そうは言っても、仕事やお付き合いなどでどうしても出かけなくてはならない場合もあると思います。そんなとき、「凶方位だから怖い」と思ってビクビクしながら出かけると、逆により強い凶意を受けてしまうことになります。どうしても凶方位に行かなくてはならない場合、大切なのは、必要以上に凶方位を怖がらないこと。確かに凶意は怖いですが、しっかりと自覚して対処を行えば、凶意を防ぐことはできるのです。

自分の運は自分で開くもの。凶方位に行かなければならないのなら、防御法を実践しつつ、その場はしっかりと楽しんで、帰ってから凶意を取り除くための処置をするのが、正しい開運法です。

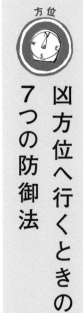

凶意の防御法

①胸元を隠して出かける
②方位に合ったカラーを身に着けていく
③温泉には絶対に入らない。どうしても入らなくてはならない場合は、最後に必ず
水道水で温泉水を流すこと
④自分の吉方位のミネラルウォーターを持っていく
⑤出発前か帰った後に、必ず自分にとっての吉方位へ出かけ、温泉に入る
⑥中指に指輪をして出かける
⑦その方位が吉方位の人と一緒に行く

私の旅の過ごし方④

毒出しについて

「毒出し」って、なんだか怖い言葉ですよね。運が良くなるための旅行風水で「毒出し」という言葉が出ると、ほとんどの方にびっくりされてしまいます。

例えば、「凶意」というのは、凶方位に出かけたことで悪いことが起こる現象だということは、みなさん何となくおわかりだと思います。ですが、実は吉方位に出かけても「凶意」は表れるのです。その現象を私は「毒出し」と呼んでいます。

34ページでもお話ししたように、旅行風水の効果は「4・7・10・13の法則」で表れますが、方位の効果が表れる少し前に、一度悪い現象が起こることがあります。これが「毒出し」。

「吉方位に行ったのにどうして悪いことが起こるの？」と思われるでしょうが、この現象は旅行によって運が良くなる前に、自分の体にたまっていた悪運の原因である悪いも

のが押し出されて表に出てくるため起こること。いわば運が良くなる前触れのようなものなのです。

普通に生きてきたならば、どんな人にも体や運気の中に「毒」はたまっています。ですので、逆に「毒出し」がないと、本当の意味で運が良くなることはないのです。毒出しは、とてもありがたい現象なんですよ。

よく「毒出しが怖くて旅行に行けない」と言う人がいますが、それはもったいないですよね。その「毒」はすでに自分の体の中にあるものですから、毒を出さなければ今後もずっとその悪運をため込んだまま人生を送ることになるわけです。そのほうが、よっぽど怖いと思いませんか？

毒出しからもたらされる凶意は、凶方位に出かけたときの凶意と違って、ほんの一時的なものです。また、自分にとって悪い結果になることは絶対にありませんので、怖がることはないんですよ。

ただ、体の不調が表れても「毒出しだから放っておいて大丈夫」などと言う人もいるのですが、その考え方はちょっと怖いですよね。もしかしたら何かのサインかもしれません。「あのとき気づいて運が良かった！」ということもあるかもしれませんので、体の不調が凶意として表れたときは、念のため必ず病院に行ってくださいね。

毒出しは表れたほうがよく、さらに、心配はいらないことがご理解いただけたと思いますが、やっぱり「毒出し中」にただ通り過ぎるのを待っているだけなんて嫌ですよね。そんなときは、吉方位の温泉に出かけたり、パワースポットに出かけたりなど積極的に運気を吸収しに出かけましょう。

良い運をたくさん取り込むことで、毒が押し出されて毒出しが早く終わることにつながります。あかすりやリンパマッサージなどで老廃物を出したり、よい言霊を積極的に口にしたりするのも効果的ですよ。

方位

旅行できないときは、吉方位の水を飲みましょう

旅行に行きたいと思っても、忙しかったり、家庭の事情があったりと、なかなか出かけられない人も多いと思います。

旅行風水は、その土地に出かけることで運気を持ち帰るというものですので、出かけられない人にとっては、まったく実践できないもの、と思われるようですが、実は、日々の生活の中でも、方位の気を取り入れることはできるのです。

そのための方法として最も有効なのが、普段飲んでいるミネラルウォーターを、自分の吉方位の採水地のものに替えることです。

人間の体は、70%が水分でできています。水を替えるということは、すなわち自分を変えること。ミネラルウォーターを吉方位のものに替えることで、細胞の再生とと

もに、運気が変わっていくのを実感できるはずです。

現在は、日本、海外とも、様々な場所のミネラルウォーターが売られていますので、すべての方位の水が手に入ります。自分の吉方位に合わせて水を替え、運気をどんどん変えていきましょう。

ただし、この場合、家族それぞれ吉方位が違うからと、ご主人の方位に合わせて水を飲んでも効果はありません。自分の体が吸収する水は、あくまでも自分自身の運になるためです。ですので、家族でバラバラな銘柄の水を飲むことになるかもしれませんが、旅行に出かけられない人は、ぜひお試しを。

また、自分にとっての吉方位のお米を炊いて食べたり、吉方位で採取されたアロマオイルの香りを吸収したりするのも、方位の気を取り入れる一つの方法です。

方位

経由地が凶方位でも、宿泊しなければ問題ありません

方位のお話をすると、よく聞かれるのが「経由した場所が凶方位の場合も、凶意を受けてしまうのでしょうか」というものです。

基本的には、凶方位の場所を経由するだけなら、方位の影響を受けることはありません。例えば、東京からパリを経由してスペインに出かけるというケースを想定してみましょう。あなたにとって、スペインは吉方位、パリは凶方位だと仮定します。この場合、パリに泊まらずにその日のうちにスペインに向かうなら問題ありません。ただし、パリで1日でも宿泊した場合は、凶意を受けることになってしまいます。これは、滞在時間の長さや、その場所が最終目的地であるかどうかということとは無関係。旅行風水では、その場所で滞在すること、中でも「眠る」ということが、方位の気を吸収することにつながるからです。ただし、飛行機や列車、車の中などで移動中に眠る場合は、「宿泊」にはカウントされません。

「パリで1泊しても、そのあと吉方位のスペインで宿泊するんだから、トータルで見れば問題ないんじゃないの?」と思うかもしれませんが、一度受けてしまった凶意は、そのあと吉方位に行ったからといって帳消しになるわけではなく、自分の中に残ります。ですから、仮にパリで3泊、スペインで3泊した場合は、プラスマイナスゼロになるのではなく、悪い運気も良い運気もそれぞれ3泊分受けることになるのだと考えてください。複数の国や地域を訪れたい場合は、そのことも頭に入れてプランを立てるようにしましょう。

なお、凶方位に行ったときの悪い気を落とす方法はただ1つ。その方位が吉方位になったときに、同じ場所に同じ泊数だけ泊まることです。方位が同じでも距離が短かったり、3泊のところを2泊しかしなかったりすると、足りない分だけ凶意が残るので気をつけて。また、その旅行はあくまでも凶意を流すための旅行であり、吉方位旅行としての運気は得られないということも覚えておきましょう。

海外旅行は吉方位をよりしっかりと選びましょう

海外へ旅行に出かける場合、国内に比べて移動距離が長くなり、滞在時間も長くなるため、そのぶん表れる効果も大きくなります。海外旅行に出かけるときには、国内よりも慎重に吉方位を選んで旅行に出かけましょう。

方位の計り方は、国内と違って、地図に線を引くことはできません。地球は丸いため、直線を引くことはできないからです。そのため、わかりにくい地域も出てきてしまいますが、凶方位との境にあたる場所はできるだけ避けましょう。

次ページに記した海外の方位は、東京から見た方位になります。アジアなど、近い国では、地域によって方位が変わる可能性がありますので、これをだいたいの目安として、ご自分の地域からの方位を計ってみてください。

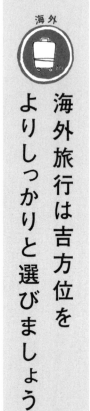

日本から見た海外の方位

FLY

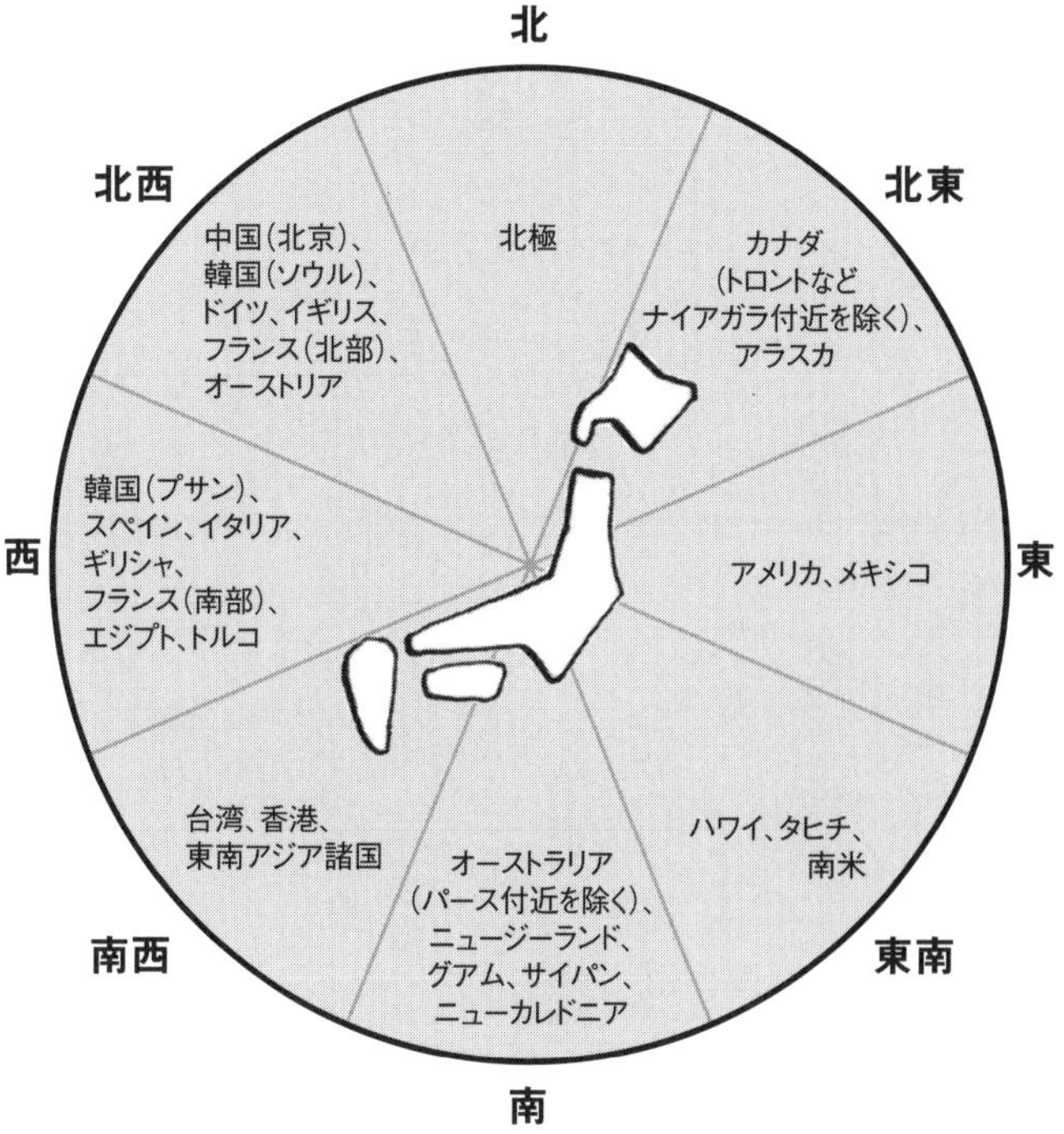
北
北極
北東
カナダ（トロントなどナイアガラ付近を除く）、アラスカ
東
アメリカ、メキシコ
東南
ハワイ、タヒチ、南米
南
オーストラリア（パース付近を除く）、ニュージーランド、グアム、サイパン、ニューカレドニア
南西
台湾、香港、東南アジア諸国
西
韓国（プサン）、スペイン、イタリア、ギリシャ、フランス（南部）、エジプト、トルコ
北西
中国（北京）、韓国（ソウル）、ドイツ、イギリス、フランス（北部）、オーストリア

私の旅の過ごし方⑤

海外旅行の魅力

私は海外旅行のいちばんの魅力は「日本にはない異文化に触れられる」ことだと思っています。例えば、ヨーロッパのお城や古代遺跡、イスラム様式の建築物、同じアジア圏の寺院であっても日本とは違う文化を感じるものがほとんどですよね。

そのような「自分の土壌にはないもの」をできるだけたくさん見たり、体感したりすることが海外旅行で運気を吸収するいちばんのポイントになるんですよ。その土地の郷土料理を食べたり、美術館や博物館など文化を知るための場所へ出かけたり、ときには、その国の民族衣装を着てみたりなど、できるだけその土地の生活に触れることが、旅行から運気をもらう上でとても大切なのです。

また、そこでしかできないことにチャレンジするのもおすすめ。私は以前、トルコのカッパドキアで熱気球に乗り、奇岩を上空から眺めるというツアーに参加したことがあ

るのですが、そういうまさに「そこでしかできない」ことがあれば、ぜひチャレンジしてみてくださいね。

海外では、旅の間にどれだけ「感動」したかも運気の決め手となるポイント。もちろん、感動を事前に準備することはできませんが、「こんな風景を見たら」「こんなことをやったら」などと、感動を想像することはできますよね。最近、私がいちばん感動したのは、サハラ砂漠で見た朝日。サハラ砂漠で一泊して朝日を見たのですが、満天の星空の砂漠も、砂漠から昇る朝日もとても美しく、言葉で表せない感動でした。

海外旅行で私がいちばん気をつけていることは、その場所のTPOに合わせること。例えば、イスラム圏ではできるだけ長袖と長めのスカートを身に着け、いつでも頭を隠せるようにストールを持ち歩くことを心がけています。

旅行者とはいえ、その場所に住む人が不快にならないように配慮することはとても大切だと思います。そういう文化や宗教に関するTPOはもちろんですが、海外ではどこに行くにもその場所や時間帯に合う服装や振るまいが求められます。日本では、ジーンズでどこのお店にも入れますが、マナーの厳しいヨーロッパなどではそういうわけにははいかないですよね。

なので私は、必ずきちんとした服やバッグ、靴、ジュエリーなどを一式揃えて行きます。日本ではあまり持ち歩かない高級ブランドのバッグなども、海外で持ち歩くことのほうが多いかな。逆に日本ではちょっと着られないようなドレスも、場所によってはむしろ着ないとマナー違反だったりもしますよね。

何よりも、出かけた場所のマナーやルールに従うことが大切です。「旅行者なんだからいいのでは」みたいな態度では、その土地からパワーをもらえなくなってしまいますので注意しましょうね。

温泉

温泉に行こう！

温泉は、大地の気が凝縮されたもの。風水では、「木・火・土・金・水」の五行の気をすべて吸収できるのが温泉であると考えます。

大地の鉱物や金属成分（金の気）を含んだ水（水の気）が、地熱（火の気）によって温められ、地中（土の気）から湧き出たのが温泉。これに入浴すること（木の気）で、五行の持つすべての運を、一気に吸収することができるのです。自分にとっての吉方位にある温泉に入る習慣をつけると、悪い気が体にたまらなくなり、五行の生気を受けることで、運気はどんどん鍛えられていくことになります。

吉方位に出かけるだけでも、もちろん効果はありますが、温泉に入ることで、その効果は10倍にも増えてくれるのです。逆に、凶方位の温泉に入ると、その凶意も10倍に増えます。ですので、凶方位ではできるだけ温泉に入らないよう気をつけましょう。

また、温泉にはそれぞれの泉質によって持っている運が変わるため、旅行先にいくつも温泉がある場合は、泉質の持つ運気で選んでみるのも一つの方法です。ちなみに、時間があれば、違う泉質の温泉にいくつも入ってみましょう。違う気を持つ温泉に交互に入ることで、運気の吸収力がよくなり、より多くの運を持ち帰ることができます。

また、成分が濃く、効能の高い温泉は、運気の吸収率も高いことを覚えておきましょう。

温泉の泉質と運気の関係

単純温泉

疲れやストレスがたまったら

人間関係運・仕事運・健康運・恋愛運

無色透明、無味無臭。含有成分の少ない薄い温泉。日頃の疲れやストレスがたまったとき、その原因となる運気の滞りをなくしてくれます。突出した成分がなく、多様な効能を持つことから、周囲との調和を図る作用もあります。人間関係の修復、縁に関するトラブルに効果的。効き目が穏やかなので、こまめに通うとよいでしょう。

硫黄泉

「お金がない」「人生がつまらない」という人に

金運・恋愛運

硫化水素ガスの強烈なにおいには、強い解毒作用があります。これが、金の気を妨げる要因を取り除いてくれるため、「お金がない」「人生がつまらない」という人に最適。金運をつけ、楽しみごとを与えてくれます。湧出時には透明の湯の色も、空気に触れることで黄白色に変化。透明は浄化作用が強く、黄白色は運気を増やしてくれます。

塩化物泉

運気ダウンのときや、人生の節目に

人間関係運・仕事運

食塩泉のことで、口に含むとやや塩辛いのが特徴。塩辛さは火の気を持つため、体にたまった毒（悪い気）を断ち切ってくれます。原因不明の事故やトラブルに遭うなど、運気低迷中におすすめ。変化の気もあり、仕事、恋愛などすべてにおいて変革をもたらしてくれます。別離、転職、転居など、人生の節目に。

炭酸水素水

愛情を深めるなら

恋愛運・ビューティ運

別の名を重曹泉。「美人の湯」と呼ばれ、美肌を作ることで知られています。湯の色は、透明～茶、黒色。透明の湯は外見を女性らしくし、茶～黒色の湯は性格美人にしてくれます。水の気が強く愛情が深まるため、カップルや夫婦で行くのがおすすめ。粘質系の湯が、女性への運気の吸収を促してくれます。

硫酸塩泉

運気の流れをスムーズに

仕事運・人間関係運・健康運

切り傷や皮膚病に効くとされる「傷の湯」。鎮静作用や収れん作用にも優れています。湯が持つ運気は、浄化系。運を妨げている要因を取り除き、運気の流れをスムーズにしてくれます。ストレス解消、自己回復の湯。湯の色は透明〜黄白色で、黄味が強いほど金の気によく、金運、豊かさ、楽しさをつけてくれます。

含鉄泉

お金についての悪癖を治したい人に

金運

鉄イオンを主成分とする強い効能を持つ湯です。空気に触れることで褐色に変化。かすかなサビのにおいは、金の気の表れです。「なぜかお金が貯まらない」「つい無駄遣いしてしまう」など、お金に対する悪い癖を治したい人に最適。

放射能泉

運気を大きく動かしたいときに

健康運・仕事運

ラドン温泉。空気中に放出されたラドンを、鼻や皮膚から吸引するため、運気の即効性が大。水の気を持つ女性が、同じ水の気を持つ鼻や皮膚から吸収することで、運気の効き目が早くなります。「今すぐ効果を上げたい」「なんとか現状を打破したい」など、運気を強引に動かしたいときに。

二酸化炭素泉

さらに上を目指したい人に

仕事運・成長運・発展運

炭酸ガスの小さな気泡が肌につく「泡の湯」です。運気を上昇させるので、「成長・発展」の運気や仕事運アップが期待できます。炭酸ガスが皮膚から吸収され、毛細血管を拡張させるため、高血圧や心臓病などに効果的。ヨーロッパでは「心臓の湯」と呼ばれています。

酸性泉・酸性硫黄泉

今の自分を変えたい人に

リセット運

肌にしみる強い刺激のある泉質。酸性泉はミョウバン泉とも呼ばれます。殺菌作用に優れ、慢性皮膚病にも効果的です。現状に不満で、運気を変化させたいときにおすすめ。酸性の刺激を利用して、草津温泉の伝統的な湯治療法である「時間湯」のように、頑固な慢性病を治癒させるのにも利用されています。

温泉

温泉の選び方と過ごし方

源泉を持っているか源泉に近い温泉を選ぶ

源泉に近ければ近いほど温泉の生気が強いため、運気の吸収率が上がります。循環している温泉や源泉から遠い温泉は、多少パワーダウンすることに。

露天風呂のある人気の宿を選ぶ

外気に触れながら入浴できる露天風呂は、温泉の効果をさらに高めてくれます。また、人は、目で見るものから運気を吸収しますので、景色のいい露天風呂であれば、さらに効果的。人気の宿や温泉は、人の流れと同様、運気の循環も良いため、おすすめです。

入って気を吸収し、休んで気を落ち着かせる

温泉にずっとつかっていたほうが運気の吸収がいいのでは？　と思う人が多いようですが、実は入浴で大切なのは、入る回数。一度入って、体を休めて、また入る。というのを繰り返すことで、運気を徐々に体にためていくことができるのです。

のぼせやすくて何度も入れないという人は、温泉に足を浸け、たまに手で頭にお湯をつけましょう。足を浸けて頭にお湯をつけることで、温泉に入っているのと同じ効果が得られます。

お風呂から上がったら、ごろ寝をしましょう

お風呂上がりには、まず、水を1杯飲みましょう。そのあと、ビールなど発泡性のものを飲むのは◯。また、枕に頭をのせ、30分ほどごろ寝を。運気が体にたまっていきます。

就寝前にも一風呂浴びて、寝ている間に運気を吸収しましょう。

温泉水、朝粥、温泉卵、温泉まんじゅうを食べる

朝粥や温泉卵、温泉水を使った飲み物などがあれば、ぜひいただいて。特に、飲泉できる温泉であれば、多少まずいと思っても、ぜひ飲んでみましょう。温泉水を体内に取り込むことで、入浴する以上の効果が期待できます。

また、その地域の温泉まんじゅうを食べると、土地の気が吸収でき、楽しみごとを与えてくれます。

おみやげ物屋を見て回ろう

温泉街にあるおみやげ物屋は、ひやかしでもいいので、ぜひ立ち寄って。特産物や工芸品などその土地のものを見て歩くことで、その土地の運気をより多く持ち帰ることができます。

わたしの旅の過ごし方⑥

温泉旅行について

私は、自他ともに認める温泉マニア。もちろん「運のため」というのも理由の一つですが、どちらかというと温泉自体が大好きで、泉質にこだわりながら昔からいろいろな温泉を巡っています。一時は国内の温泉だけでは物足りなくなって、海外でも温泉巡りをしていたほど。ヨーロッパやアメリカで出版されている温泉ガイドも年々更新しながらしっかりと揃えています。特に海外で温泉に入ると、旅行風水の効果が格段に変わってきますのでとてもおすすめです。

様々な国の温泉に入ってきましたが、やっぱり日本の温泉の風情に勝る場所はないんですよね。日本の温泉は本当に素晴らしいとつくづく思いながら、最近は国内の温泉通いをしています。

温泉に入るときは、あまり長湯をしすぎない主義。そのかわりに、こまめに何度も入ります。長く入るのもいいですが、入る回数を多くしたほうが、まさに「たくさん入った」ことになるんですよ。温泉は生き物ですので、大きく運をもらうためには様々な時間帯に入るのがおすすめ。朝、夕方、夜と最低でも時間帯を変えて3回は入ってください。

露天風呂など温泉がついている部屋がありますが、その場合は、さらに頻繁に入ることをおすすめします。私はそういう部屋に泊まったときは、お風呂に入ってゴロゴロして、おいしいものを食べてお酒を飲んで、また温泉に入ってゴロゴロして……を繰り返すという、何だか「人としてどうなの？」という過ごし方をしていますが、温泉から運気をもらうためには、実はこれがいちばん効果的なんですよ。マッサージをしながら寝ちゃうというのも運気吸収に効果的。私も、温泉に行くと必ずマッサージを頼んじゃいます。

そうは言っても部屋でゴロゴロしているばかりでは何なので、温泉街を探索しに出かけたりはしますが、温泉に出かけたら、旅館の浴衣で過ごすなどリラックスの姿勢をくずさないのがベスト。私の場合、一度旅館に入ったら、浴衣で出かけられない場所へは出かけません。

また、旅館の施設はできるだけ利用します。バーやスパはもちろんですが、たまに卓球台などがあったりすると、積極的にチャレンジしちゃいます。宿を活用することも運気アップにつながりますので、心がけてみてくださいね。

第4章

パワースポットに行こう!

パワースポット

パワースポットは気のたまる大地のツボです

風水では、大地の気の流れを龍にたとえて表現します。その気の流れが集結した場所を龍の住処《すみか》と考え、その場所を「龍穴《りゅうけつ》」と呼びます。パワースポットとは、いわゆる「龍穴」のことで、大地の生気が凝縮し、気の噴き上がるいわば大地のツボのような場所。

風水では、その龍穴の上に家や墓を建てることで、そこに住む一族が繁栄し続けるとされています。そうは言っても、そうやすやすと地形的条件の整った龍穴を探し出すことも、また、探し出せたとしても、その上に家や墓を建てることはできません。しかし、今現在も龍穴として生気を放出している場所に出かけ、その気を吸収してくることは簡単にできますよね？

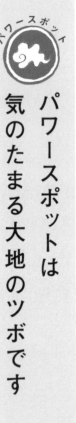

旅行風水でパワースポットに行くことは、その土地の生気を存分に吸収してくるための大切な行動。旅行先にパワースポットがあれば、ぜひ立ち寄ってみましょう。パワースポットに行くことで、通常の何十倍もの生気と運気を得て帰ることができるのです。

よく、「温泉とパワースポットでは、どちらのほうが気の吸収率がいいですか?」と質問されますが、これは、その場での過ごし方にもよりますが、だんぜんパワースポットのほうが強いと断言できます。パワースポットとは、それほど、強力に運気を与えてくれる場所なのです。旅行風水を実践するときには、温泉とパワースポット、この両方を取り入れれば、さらに強い効果が期待できるのです。

パワースポット

神社・仏閣に正しく参拝して、運気を上手に吸収しましょう

パワースポットに神社や仏閣が多いのには理由があります。

古来、聖地と崇《あが》められていた土地は大地の生気が集結しているところが多く、飛鳥時代に風水が日本に伝来して以降、古来から崇められていた土地に神社やお寺が風水的な理論のもとに建立されるようになったためです。

みなさんが気軽に出かけられる場所としても、神社や仏閣のパワースポットはおすすめですので、ぜひ訪れてみましょう。お参りをすれば御利益があるというのは、そこに行くことで大地の生気を吸収し、自分自身の運が良くなるという、風水の効果も含まれているのです。

せっかく神社やお寺に出かけるのですから、より運気を吸収するためにも、風水的

な意味での正しい参拝方法をご紹介します。

晴れた日の午前中に行く

パワースポットの寺社へは、夕方の4時までに鳥居や門をくぐるように心がけましょう。4時以降は、「陰」の気の強くなる時間帯ですので、4時を過ぎてから入っても、運気の吸収にはならない場合もあります。神社やお寺を出る時間は、4時を過ぎても問題ありません。また、夜祭りや大晦日など、その場所に人が集まるときには夜に参拝してもまったく問題ありませんので、ぜひお出かけください。

ただし、いちばん生気が吸収できる時間は午前中。運を取りに行くならば、午前中に鳥居や門をくぐれる時間に出かけましょう。

お天気は、晴れた日は「陽」の気が強く、運気の吸収率も上がりますのでおすすめですが、雨の日や曇りの日でも、晴れの日とはまた違った運気が吸収できますので、敬遠せずに出かけましょう。

正面から入る

神社やお寺へは、必ず正面から入ることを心がけてください。パワースポットに流れる気は、正面から本殿に向かって流れている場合がほとんどです。正面から、その土地に流れる気とともに入ることで、より運気が吸収できます。基本的には入るときが大切ですので、帰りはどこから出ても問題ありません。

手水舎《ちょうずや》で手を洗い、口をすすぐ

神社やお寺に入る前には、水に触れて、気を浄化してから入りましょう。順序は、左手→右手→口→左手です。最後に左手に水をかけるのを忘れてしまう方も多いようですので、これは意識して行いましょう。手水舎の水が井戸水であれば、お清めをしたあとに、できるだけ飲みましょう。

また、口につけるのがためらわれる場所の場合は、ミネラルウォーターのペットボトルを持って、口だけはすすぐように心がけてください。

参拝をする

本殿の前で参拝をしましょう。その際、自分の住所、氏名、年齢を告げて、それからお願いごとをきちんと告げます。お願いごとは、漠然としたものよりも、より具体的なことをお願いしたほうが、実現しやすくなります。

ただし、一度にお願いできるのは、3つだけ。それ以上お願いごとがある人は、いちばん近い鳥居や門を出て、もう一度お参りし直してから、お願いごとをしてください。

ちなみにお賽銭は、白いコイン、黒いコイン、穴の開いたコインの組み合わせがベスト。例えば一円、十円、五円玉で16円、または百円、十円、

五十円玉で160円など。

おみくじを引く

パワースポットでおみくじを引くと、今の自分の状況がとてもわかりやすく表れます。自分を知ることから運気は始まると、風水では考えますので、おみくじは、ぜひ引いてみてください。

その際、大吉や、大吉じゃなくても自分にとってとてもいいおみくじを引いた場合は、持ち帰り、スケジュール帳や定期入れ、名刺入れなど、自分の「行動」に属するところに入れておきましょう。

気に入らないおみくじを引いてしまった場合は、3回までなら引き直せます。ただし、先に引

いたおみくじを結び、もう一度参拝をしてから引き直してください。

また、凶を引いてしまっても、落ち込む必要はありません。凶を引くということは、今の自分の「毒」がすべて流れたということ。むしろラッキーなのです。ただし、凶が出た場合は、もう一度おみくじを引き直しましょう。その次に出たおみくじが、今のあなたの状況になります。

3回引き直しても凶が出てしまう方は、今の環境に何かしらの問題がある可能性が。その環境を改善するため、しっかりとパワースポットの生気を吸収して帰りましょう。

絵馬を書く

絵馬があれば、自分のお願いごとと名前、住所、年齢を書き、自分のお願いが人に見えないよう、記入した面を裏にしてかけましょう。絵馬を

書くと、その絵馬がその場にある間、自分とその土地とをつないでくれる媒体になります。もちろん、「書く」ことで、お願いごとが実現するパワーも強まりますので、一石二鳥の効果が期待できるわけです。

絵馬をかけるとき、人の書いた絵馬をあまり見ないよう注意しながら、かけてください。また、ほかに気に入ったお守りや鈴があれば買って帰りましょう。鈴は、かばんやポーチなどにつけると効果的です。

お水取り、お土取りをする

パワースポットから湧き出る水は、土地の気を吸っていますので、強い運気を持っています。その水を容器に入れて持ち帰り、飲んだり、顔や手を洗ったり、アクセサリーの浄化に使うなど、有効に活用しましょう。

ほかに、お土取りができる場所もあります。パワースポットの土は、家の植物の土に混ぜたり、アクセサリーの気を充電させるために、陶器のお皿や香炉にアクセサリーや宝石を入れて土の中に埋めたりと、いろいろな活用ができますので、こちらも持ち帰りましょう。

気に入った場所を探す

パワースポットは、基本的にどの場所も生気が強く、気の吸収はできますが、ところどころ、気が噴き上がるように強くなっている場所が存在します。

専門知識がなくても、自分にとっての運気の吸収ポイントを探すことは、難しくありません。自分にとっての吸収ポイント、それは、自分自身が気に入った場所を探すこと。

「気に入る」とは、文字どおり「気」が「入る」こと。パワースポットを歩いてみて、なんとなく気になった場所に長くいたり、その場所を見た

り、また、その場所で深呼吸をして写真を撮ったりすると、さらに生気の吸収率が上がります。ぜひ、試してみましょう。

気に入った土地には何度も足を運ぶ

土地も人と同じで、初対面ではなかなか心を開いてくれません。自分が気に入って、生気を吸収できると思ったスポットには何度も足を運び、その土地と仲良くなるよう心がけましょう。土地の気になじむことで、その後の運気の吸収率が、ぐんと上がります。

私の旅の過ごし方⑦

パワースポットでの行動

パワースポット巡りがすっかりブームになり、あちこちのパワースポットが賑わっていますよね。ブーム自体は決して悪いことではないのですが、ちょっと気になるのはマナーやルールを守らない人、自分勝手な行動をする人が増えてきたなということ。

私自身も、先日訪れた戸隠神社の奥社で、お年寄りを乱暴に押しのけて、急ぎ足で階段を上っていく女性に遭遇しました。そのせいでお年寄りが階段から落ちそうになったので、びっくりして叫んじゃいましたが、その女性は気づかなかったのかそのまま去ってしまいました。たまたま主人がそのお年寄りの後ろにいて受け止めたので何事もなく済みましたが、もしかしたら大変なことになっていたかもしれません。そう思うと本当に恐ろしくなりました。

その女性は決して悪気があったわけではないとは思うのですが、運が欲しいあまり、

ほかのことが見えなかったのでしょう。

こういう行動は「自分さえよければいい」という気持ちの表れで、自分の願いを叶えるためならほかのことはどうでもいいと思う、自分勝手な欲が前面に出てしまっている心の状態なのではないでしょうか。パワースポットは、確かに願いを叶えるために行くべき場所ですが、その女性のように「ほかの人はいいから自分の願いを叶えて！」というような心の状態は、まるで悪魔と契約をしに行くような恐ろしさを感じます。

パワースポットのように土地の生気が凝縮した「聖なる場所」では、訪れる人の行動や心がけが試されます。すべて「天が見ている」ことを心に留めて行動してくださいね。

また、最近は御朱印集めを目的にパワースポットの寺社を訪れる人も多いようですね。御朱印を集めることが趣味だったり楽しみだったりする場合はとてもいいと思いますが、「御朱印を集めたから運がたまった！」というわけではありませんので、そこは勘違いのないようにしてくださいね。

スタンプラリーのように、御朱印をもらったらすぐにまた次の場所に向かう、というようなスタイルでは、パワースポットから運気をいただけないので注意しましょう。パワースポットでは、その土地の生気を吸収するために深呼吸をしたり、普段よりゆっくり呼吸をしたりするなどを心がけてくださいね。

パワースポットでは言霊に注意することも大切です。パワースポットで話した言霊はすべて自分の運に記録されます。人の悪口や噂話、ネガティブな言葉などは極力控えて、自分の未来につながるような言葉を発しましょう。感謝の気持ちを表す言霊も効果的ですよ。すべての運は感謝の心からもたらされます。特にその気持ちを忘れずに。

パワースポット

日本のパワースポット

※詳しくは『絶対、運が良くなるパワースポット』を参照ください。

日本国内のパワースポットをご紹介します。ここに紹介するスポットは、私が実際に何度も出向いて、調査した土地です。パワースポットのない県は、その地にパワースポットがないのではなく、今現在、きちんと調査ができていないため、ご紹介できないからです。

また、土地の気の強さを☆印で示してありますが、これはあくまでも目安です。ご自身が感じるパワーを優先してください。みなさんの持つ気や吸収する気は、それぞれ違うはずです。自分が気に入った土地がみなさんに気を与えてくれる土地になるのですから。

★★★★★は☆☆☆☆☆の中でも特別強いパワースポットです。

東北地方

☆☆☆☆☆　岩木山《いわきやま》神社（青森県弘前市）

様々な意味で良い縁をもたらしてくれるパワースポット。特に女性には恋愛、結婚など良縁をもたらしてくれる運気が。本殿を背にして左のあたりがいちばん強いスポット。ゆっくり深呼吸して。

☆☆☆☆　青池（青森県西津軽郡深浦町）

白神山地、十二湖の中の湖。神秘的な青い水をたたえた湖です。青池付近は、どこを歩いても強いスポット。ここでは、青池をバックに写真を撮り、その気を持ち帰りましょう。

☆☆☆☆　田沢湖（秋田県仙北市）

水の気が強く、女性らしい運気を吸収できるパワースポット。田沢湖は、御座石神社からたつこ像の周辺へ向けて回ると特に運気を吸収できますので、写真を撮るなど景色を楽しみながら散策を。

☆☆　早池峯《はやちね》神社（岩手県遠野市）

今の自分を見つめ直し、それによって、新しい変化を与えてくれる運気を持ちます。本殿前がいちばん強いパワースポット。必ず正面から入りましょう。参拝は午後2時までに。

☆☆　桜山《さくらやま》神社［盛岡城跡公園 烏帽子岩《えぼしいわ》周辺］（岩手県盛岡市）

盛岡城の城跡公園内の桜山神社のご神体、烏帽子岩と呼ばれる岩の付近が強いパワースポット。付近をゆっくり歩いたり、岩に触れたりして気を吸収してみましょう。

☆☆☆☆½　中尊寺《ちゅうそんじ》（岩手県西磐井郡平泉町）

様々な意味で自分を見つめ直すことができるパワースポット。月見坂と呼ばれる長い坂を上がり本堂へ向かう道と、本堂前、また、覆堂《おおいどう》（金色堂）への入り口の階段左手付近が強いスポットになっています。覆堂の中にある金色堂には、たいへん強い「金」の気があります。

☆☆☆☆　毛越寺《もうつうじ》（岩手県西磐井郡平泉町）

楽しみごとや豊かさを与えてくれるパワースポット。笑顔で訪れるのが運気吸収のポイントです。入り口から本堂までの道で、左手に杉の木、右手に池を見るスペースの中央付近が広いパワースポットになっています。池に沿って、ゆっくりと散策を。ゆったりとした気持ちや行動で運気の吸収力が強まります。

☆☆☆☆　鹽竈《しおがま》神社（宮城県塩竈市）

浄化作用のとても強い場所。今までの自分の悪運をすべて流し、新しいチャンスを与えてくれる運気があります。ここでの注意点は、必ず表参道から入ること。長い石段を上ることになりますが、この階段が強力なパワースポットです。この神社の「御神塩」は、特に浄化作用にすぐれています。

☆½　大崎八幡宮（宮城県仙台市）

仙台藩主・伊達家の守護神社。運気を体に定着させる力があります。パワースポットは拝殿の前。体感度は弱めですが、静かな気が流れています。参拝は午前中に。

☆☆☆☆½ 出羽《いでは》神社（山形県鶴岡市）

運気を根底から底上げしてくれるパワーが。この土地の気を吸収すると、本当の意味で運のいい人になる土台がつくれます。車で本殿まで上がっても効果はありますが、この山に入ってくる気は、2446段ある階段とともに強力な流れで本殿へと向かっています。体力に自信のある人は、ぜひ階段を上って。

☆☆☆ 鳥海山大物忌神社《ちょうかいさんおおものいみじんじゃ》 吹浦口之宮（山形県飽海郡遊佐町）

「大物忌」とは不浄を嫌うという意味で、強い浄化力があります。人にやる気を起こさせ、本来持っている才能を開花させてくれます。ただし、生半可な気持ちの人は受け入れてもらえません。鳥海山を見ながら「生き方を変えたい」と強く願って。

☆☆☆ 伊佐須美《いさすみ》神社（福島県大沼郡会津美里町）

現実的な願いを1つ叶えてくれるパワースポット。悪いものから身を守ってくれる運気もあります。いちばん強いパワースポットは「飛龍の藤」という藤の木の周辺と、その奥にある天海僧正お手植えのヒノキ周辺。また、東門のほうからも気を吸収できますので、東門の参道も歩いてみましょう。

関東地方

☆☆½ 水澤観世音（群馬県渋川市）

気持ちや運気を豊かなものに変えてくれるスポット。駐車場脇から入るのが一般的になっていますが、正面から入り直しましょう。いちばん強いスポットは地蔵尊が安置されている六角堂。

★★★★★　榛名《はるな》神社（群馬県高崎市）

天と地のパワーが合流した強力なパワースポット。運気に即効性があります。本殿に向かうまでの参道の途中で、御水屋まで来たら、一度足をとめ、上方の岩山を見上げましょう。この山の運気を吸収することができます。

☆☆☆　妙義《みょうぎ》神社（群馬県富岡市）

生命力を与え、出世運や仕事運、チャンスの運気を与えてくれるパワースポット。鳥居をくぐる前の広い階段と右脇から本殿に向かう道にいちばんパワーが感じられます。午前中から午後２時までの間に出かけ、暗くなったら近づかないこと。

☆☆☆☆☆　日光二荒山《にっこうふたらさん》神社本社（栃木県日光市）

日光東照宮の隣に位置する神社。東照宮も含めて、ここで最も強力なスポットは、東照宮から二荒山神社へと続く直線の道、上新道です。この道は、東照宮から二荒山神社に向かって歩いていくほうが強力に運気を吸収できますので、東照宮のあとにご参拝に向かいましょう。お参りをしたあとは社殿左奥の神苑へ。

☆☆　日光二荒山神社中宮祠（栃木県日光市）

山の生気が集中するパワースポット。本殿前や、山に入る入り口周辺が特に強いスポットです。その人がもともと持っている運気の質を変え、人生に変化を起こす運がもらえます。

☆☆☆☆☆　日光東照宮（栃木県日光市）

徳川家康公を祀る社。特にパワーが強力なのは、眠り猫の先にある家康公の墓所へ向かう道。東照宮のパワーの源は、家康公の墓所である奥宮宝塔周辺にあります。奥宮では、順路に沿って、家康公のお墓の周りを歩いてみましょう。境内に湧く井戸水を飲むと、運気上昇に◎。

☆☆　中禅寺立木《たちき》観音（栃木県日光市）

現実的な願いを叶えやすくするパワースポット。強力なパワーはありませんが、じわじわと体に気が染み込むスポットです。鐘楼で鐘を撞くことが開運行動です。

☆☆　宇都宮二荒山《ふたあらやま》神社本社（栃木県宇都宮市）

穏やかな気持ちになれるパワースポット。拝殿の前や拝殿に向かって左手の木がパワースポットになっています。女性には女性らしさを、男性には男らしさを与えてくれるスポットです。

★★★★★　瀧尾《たきのお》神社（栃木県日光市）

「水」の気がもたらす恋愛・結婚・愛情運を引き寄せるパワースポット。東照宮の奥、歩いて20分ほどのところにあり、日光でいちばんパワーが強い秘境スポットです。心身・物質面ともに豊かになる運気が得られます。瀧尾三本杉、子種石の前が、特に強いスポット。

☆☆☆☆　三峯《みつみね》神社（埼玉県秩父市）

秩父山系からの気の集まるスポット。厳しい気なので、心や体が弱っている人は受け入れてもらえない可能性もありますが、やる気が満ちているときに訪れると、目標達成に大きな力を貸してもらえるはず。パワースポットは拝殿前と、そこに上がる階段横の杉の木の付近。

☆☆☆　高麗《こま》神社（埼玉県日高市）

ステータスや出世運を与えてくれるパワースポット。晴れた日に出かけると運気の吸収率が上がります。鳥居をくぐって参道沿いにある狛犬に挟まれた道の真ん中あたりで立ち止まって、ゆっくり深呼吸をして土地の気を吸収してみましょう。

☆☆　玉前《たまさき》神社（千葉県長生郡）

パワーは弱めですが、その分、体内に気を吸収させるには効果的なスポット。特に女性のほうが気を吸収できるようです。恋愛、結婚、ビューティ運と、女性のための運気に満ちています。

☆☆☆☆　香取神宮（千葉県香取市）

パワースポットの範囲は狭いものの、強力なパワーを持つ神社。境内に入って御本殿左手にある三本杉の付近が強いパワースポットです。ここで写真を撮ると、さらに運気を吸収できます。

☆☆☆☆☆　皇居外苑（東京都千代田区）

富士山と秩父山系の気が流れ込むパワースポット。強力なパワーを得られます。午前中に出かけるのが運気吸収のポイント。特に二重橋をのぞむお濠沿いの道と、和田倉《わだくら》噴水公園が強いスポット。ベンチに座ったり、レストランで食事を楽しんだりしながら、噴水を眺めると、運気がアップします。

☆☆☆☆☆　明治神宮（東京都渋谷区）

運気の滞りを改善してくれるスポット。特に縁に関する運気を与えてくれます。一の鳥居をくぐったら、S字に蛇行して参道を歩くのが運気吸収のポイント。本殿の前が強いパワースポットですが、本殿に向かって右手にある神楽殿の前の庭もスポットです。結婚式に遭遇すると、恋愛運向上に◎。

☆☆　江島《えのしま》神社（神奈川県藤沢市）

人生に楽しみごとを与え、様々な悪縁を断ち切ってくれるパワースポット。いちばん強いスポットは奥津宮とその隣の龍宮《わだつみのみや》。この土地のパワーを感じるためには、境内にあるエスカレーターを使わず階段で上がるのがおすすめ。

☆☆☆　大山《おおやま》阿《あ》夫《ふ》利《り》神社下社（神奈川県伊勢原市）

この土地の気の吸収率は、女性よりも男性のほうが強いようです。大山の中腹の神社まではケーブルカーで行けますが、その先は歩くことになります。体力に自信のない人は、奥の院へ向かう階段を見上げるだけでも効果があります。弱い自分を変え、これから進むべき道を示してくれる運がもらえます。

☆☆☆☆½　箱根神社（神奈川県足柄下郡箱根町）

縁をいい意味で発展させ、継続させてくれるパワースポット。特に結婚を望む女性におすすめです。御本殿に向かう階段脇の大木がパワーを発しています。ここで書いた絵馬は、御本殿に向かって左側にかけると願いごとが届きやすくなります。隣にある九頭《くず》龍《りゅう》神社新宮でお水取りをするのも◎。

☆☆☆☆　箱根元宮《もとつみや》（神奈川県足柄下郡箱根町）

駒ヶ岳の山頂にある箱根神社の奥宮です。神社脇の大きな岩の周辺がパワースポット。土台を固める運や、出世運、将来へつながる道が見えるといった運気がもらえます。空を見上げることで、「天」の気を吸収できます。

☆☆　金櫻《かなざくら》神社（山梨県甲府市）

強い金運を与えてくれるスポット。桜の咲くシーズンが、最も強い生気に満ちています。駐車場からの脇道を使わず、長い石段を上ると、気の流れが実感できるはず。

信越地方

☆☆☆　彌彦《やひこ》神社（新潟県西蒲原郡弥彦村）

やわらかくやさしい土の気を持つスポット。心や体のリフレッシュに特に効果的。また、女性はやさしく、男性は女心がわかる懐の深い人になれるスポットです。本殿前でゆっくりとお参りを。

★★★★★　戸隠《とがくし》神社（長野県長野市）

宝光社、火之御子社、中社、九頭龍社、奥社の５社からなる神社。５社すべてが違う性質の運気を持っていますので、すべてを回ると総合的な運気が吸収できます。宝光社～中社～奥社の順番で回りましょう。５社の中で最も強力なパワーを吸収できるのは、奥社。随神門まで参道をゆるやかなＳ字を描きながら歩くと気の吸収に効果的。随神門を通り抜けたあたりが最強のスポットです。

☆☆☆☆ 諏訪《すわ》大社（長野県諏訪市、茅野市、諏訪郡下諏訪町）

諏訪大社は、上社と下社からなり、さらに上社は前宮と本宮、下社は春宮と秋宮からなっています。上社前宮は行動力や物事の活性運を持ち、本宮には安定や平穏の運気があります。下社春宮には安定運、安泰運が、秋宮には成長や育成、発展の運気があります。

☆☆☆☆☆ 明神池（長野県松本市）

「神降地」が名前の由来とされる上高地の中でも、明神池は強力なパワースポット。一の池と二の池、どちらも強いスポットですが、一の池では恋愛運や愛情運、二の池では仕事運や金運がもらえます。上高地は、河童橋から明神池に向かうまで、いくつもスポットがありますので、ゆっくりと気を吸収しながら歩いてみましょう。

☆☆☆☆ 万治《まんじ》の石仏《せきぶつ》（長野県諏訪郡下諏訪町）

光を与えてくれるパワースポット。諏訪大社の春宮近くの田園にあり、お椀のような胴体と、朴訥とした表情が愛らしい石仏です。浄化の運気を持ち、心を光で満たすパワーを与えてくれます。

☆☆☆ 穂高神社本宮（長野県安曇野市）

商売繁盛、現金収入アップの運気や、楽しみごとを与えてくれます。この土地が持っているパワーは金運で、特に商売関係の運があります。拝殿前には「金」の気がたまっているので、ゆっくりと深呼吸をして気を吸収してください。

北陸地方

☆☆☆　雄山《おやま》神社 中宮祈願殿（富山県中新川郡立山町）

立山連峰の強い気を受けとめている数少ない場所です。連峰の山なみのように、自分自身の可能性がどんどん広がっていく運気を与えてくれます。

☆☆☆　雄山神社 里宮 前立《まえだて》社壇（富山県中新川郡立山町）

広い境内ではありませんが、凝縮された強い生気が感じられます。人間としての器を広げ、動じない人物にしてくれるパワーがあるので、人の上に立つ人が訪れるとよいでしょう。

☆☆☆☆☆　白山比咩《しらやまひめ》神社（石川県白山市）

訪れる人に揺るぎのない品格と強さを与え、財運や玉の輿、ステータスを上げる運気も授けてくれます。本殿前が広範囲にパワースポットになっており、温かくてやわらかい気があります。表参道の階段を上るにつれて、下半身がお湯に浸かっているような温かさを感じるはず。

☆☆☆☆☆　若狭彦《わかさひこ》神社（福井県小浜市）

清浄でけがれのない素晴らしいパワースポットです。ぜひ訪れていただきたい、おすすめの場所でもあります。強力な浄化作用があり、それは持っている運をガラリと入れかえてくれるほど。自分のベースを上げ、願いごとを叶える運を授けてくれます。

☆☆☆☆½ 若狭姫《わかさひめ》神社（福井県小浜市）

地から噴き上がってくるような、強い生気がある場所です。若狭彦神社からほど近い距離にありますが、パワーの性質はまったく異なります。持っている運のすべてをアップしてくれ、前へ進む力を与えてくれます。いちばん強いスポットは、社殿を飲み込まんばかりの勢いで生えている「千年杉」。土地の強い生気はこの千年杉に集まっています。

☆☆☆ 永平寺（福井県吉田郡永平寺町）

心に固まっているしこりを取り、細かい悪運を消してくれる“消しゴム”のような場所。運気と体のお掃除をしてくれます。特にパワーが強いのは、勅使門の前と山門のあたり。

東海地方

☆☆☆½ 来宮《きのみや》神社（静岡県熱海市）

１つの願いを叶えるパワースポット。自分の思いを確認したい人にもおすすめです。パワースポットは、参道にある第二大楠の周辺と、本殿前、本殿に向かって左奥にある大楠の周辺です。大楠の前で願いを告げたあと、少し離れて木を眺めてみましょう。

☆☆ 伊豆山《いずさん》神社（静岡県熱海市）

自分の地盤を固める運気があります。スポットの気自体は強くはありませんが、背後にある岩戸山の生気を感じ取れれば、運気を吸収できるでしょう。午前中早い時間に訪れると、気の吸収率がいっそう高まります。パワーのいちばん強いスポットは、本殿に向かって右奥にある白山神社付近。

☆☆☆　三嶋《みしま》大社（静岡県三島市）

現実的な願いを叶え、自分の土台を固めてくれる運気をもたらすスポット。目標に向かって努力している人にもおすすめです。本殿の手前、10 m付近が最も強いパワースポット。ゆっくり歩くことが運気吸収のポイント。

☆☆☆½　久能山《くのうざん》東照宮（静岡県静岡市）

山の生気の強く入り込んだパワースポット。東照宮に向かう表参道石段が気の通り道になっています。1159 段もあるので、歩きやすい靴で。途中、海を眺めると気の吸収率がアップします。家康公の御廟所《ごびょうしょ》がスポットです。出世や地位向上に◎。

☆☆☆½　富士山本宮浅間《ほんぐうせんげん》大社（静岡県富士宮市）

心にたまったストレスを流し、気持ちを落ち着かせてくれるスポット。ただし、ここの気は気まぐれで、訪れた人との相性が問われます。気が合うと感じたら、何度も通うこと。拝殿前から向かって右手の湧玉池を見て、ラッキーな感じがしたら向かいましょう。

☆☆☆☆　伊勢神宮（三重県伊勢市）

外宮から内宮に向かうのが正式な参拝方法。伊勢神宮は、お願いごとを伝えるというより、人の心に「光」を与えてくれる場所。内宮をお参りするときは、ぜひ五十鈴川を眺めてください。御手洗場では川に降り、手や足を水に浸けて気の吸収を。

★★★★★　椿大神社《つばきおおかみやしろ》（三重県鈴鹿市）

様々な意味で自分が向かう道を示してくれる強力なスポット。新しいことを始めるときや、運気をリセットしたいとき、また、意識的に始まりをつくりたいときなど、特におすすめです。敷地内全体がパワースポットですが、特に参道と、拝殿前が強力なスポット。また、恋愛運を望む方は、別宮の椿岸神社にも立ち寄って。

☆☆☆　真清田《ますみだ》神社（愛知県一宮市）

ものごとや運気をいい意味で動かす運気を持ったパワースポット。本殿前と、本殿に向かって右側にある服織神社や参集殿に向かうゾーンが強力なパワースポットです。特に、服織神社のそばの楠が強いパワーを発していますので、そばに行ってパワーを吸収しましょう。

近 畿 地 方

☆☆☆☆☆　石山寺《いしやまでら》（滋賀県大津市）

楽しみごとや金運をもたらしてくれるスポット。石山寺の気は上に向かって流れているため、上を向いて歩くのがポイントです。石段を上がってすぐに目に入る珪灰石付近が強力なパワースポット。また、本堂前も強いスポットです。

☆☆　日吉《ひよし》大社（滋賀県大津市）

運気を一気に引き上げたい人におすすめのスポット。小さな運気を短期間で大きく育ててくれます。西本宮手前にある岩付近や、西本宮前、また、その裏手もパワースポットです。

☆☆　長等山園城寺《ながらさんおんじょうじ》(三井寺《みいでら》)(滋賀県大津市)

ようやく安定がつかめたとき、幸せな結婚生活を末永く続けたいときなどにおすすめのパワースポットです。「閼伽井屋《おかいや》」から湧き出す清水に触れることはできませんが、噴き上がる気は感じられます。運気の吸着率が高まるので、必ず立ち寄りましょう。

☆☆　建部《たけべ》大社(滋賀県大津市)

日本武尊《やまとたけるのみこと》をまつる1300年以上の歴史をもつ神社。心に光を与えてくれるパワースポットです。やさしい空気に包まれており、心の曇りやマイナスな考え方を明るい光の方向へと導いてくれます。神門の付近と拝殿の前、また境内の三本杉の付近に強いパワーが流れています。

☆☆☆☆☆　竹生島《ちくぶしま》(滋賀県長浜市)

琵琶湖の水の気から生じるパワースポット。島全体が強い水の気で満たされていて、愛情運や心の安定、金運や豊かさの運を得ることができます。最初は気を感じづらいかもしれませんが、島を巡り帰る頃には、自分の体の中に生気がみなぎっているのを体感できます。頂上から島全体を見下ろすことでより強い生気を得られます。島内の宝厳寺では、本堂の前にやわらかいパワーを感じます。また、竹生島神社は島の中で最も強く水の気が感じられるスポット。八大竜王拝所から湖を眺めると、強い水のパワーを感じます。

☆☆☆☆　多賀《たが》大社(滋賀県犬上郡多賀町)

現実的な願いを叶えてくれるパワースポット。お参りの際には、具体的な願いを告げましょう。この土地のパワーは、境内全域に広範囲に広がっていますが、拝殿前が特に強いスポットです。また、太閤橋を渡って入ると願いを叶えるパワーが強まります。橋の傾斜が急なので、注意して渡って。

☆☆☆☆　貴船《きぶね》神社（京都府京都市）

水の気が強いパワースポット。恋愛体質づくりに最も効果的です。ただし、カップルで出かけるのはＮＧ。パワースポットは本宮と奥宮。午前中に行くと、いっそう良い気がもらえます。本宮のご神水は、お水取りができるので、ぜひいただきましょう。

☆☆☆½　知恩院（京都府京都市）

やる気を与え、この先の道を示してくれるスポット。強力なパワースポットは三門をくぐった先の階段です。本堂のさらに上に行くと、またお堂がありますが、その脇の階段を上がった先にあるお堂は、この場所の気の発生源。しっかりと気を吸収して。

☆☆☆☆　上賀茂《かみがも》神社（京都府京都市）

新しい土台を発見できるスポット。自分の足元を固めてくれる運もあります。パワースポットは、楼門の向かいにある岩山「岩上」です。岩上が気の発生源で、はっきりとその流れを感じるはず。深呼吸をして、パワーを吸収しましょう。

☆☆☆☆　清水寺《きよみずでら》（京都府京都市）

いちばんのパワースポットは清水の舞台の上。気に入った場所で写真を撮りましょう。音羽の滝のあたりも強力なスポット。滝を流れる清水は、ひしゃくに汲んで飲むこともできるので、ぜひいただいてください。清水寺は、人けのないときに気の吸収率が上がるので、早朝、開門時間に合わせて出かけると効果大。

★★★★★　下鴨《しもがも》神社（京都府京都市）

京都でいちばん強いスポット。糺《ただす》の森沿いに広がる長い参道を歩くのが運気吸収のポイントです。愛情運や信頼される運、心がやさしくなれる運、恋愛運に満ちています。本殿前が強いスポットです。本殿でお参りをしたら、干支の社で自分の干支の守り神の前でもお参りを。本殿から向かって左手の大炊殿《おおいどの》近くの水ごしらえ場も強力なパワースポットです。

☆☆☆☆½　車折《くるまざき》神社（京都府京都市）

小さいながらとても強いパワースポット。境内に入るとふんわり温かい気が感じられます。人生に必要な、現実的な楽しみを与えてくれ、金運、愛情運のほか、人気者になる運気も。特にパワーが強いのは本殿の前と、裏参道沿いの「清めの社」。円錐形の立砂の前で記念写真を撮ると、悪運を浄化することができます。

☆☆☆☆☆　籠《この》神社（京都府宮津市）

奥宮である真名井神社とともに訪れてください。籠神社は神門の手前の階段と、拝殿前の真ん中がパワースポット。仕事運、縁結びの運、金運、家庭運、子宝運など、訪れた人それぞれに、自分の幸せを感じられる運気を与えてくれます。真名井神社は感性が高まり、今とは違う別のステージに連れていってくれる場所。真名井のご神水と、産だらいは強力なパワースポット。

☆☆☆☆☆　三十三間堂（京都府京都市）

心と体に生気をもたらしてくれ、リラックスパワーと、体を癒してくれるパワーがあります。120 mの長いお堂には順路に沿っていくつかのパワースポットがあります。ただし、この気は流動的で1カ所にとどまっていないので、ゆっくりと歩いて自分が心地よく感じる場所を探しましょう。きっと気の合う観音像に巡り会えるはず。その前にお賽銭箱があれば、お賽銭を入れてください。願いごとが叶いやすくなります。

☆☆☆　石清水八幡宮《いわしみず》（京都府八幡市）

物事を整理し､正しい方向に導くパワースポット。物事を変える、正す、整理する運気がもらえるので、新しく事業などを興す人、今までの自分と決着をつけたい人におすすめです。本殿へ続く道と本殿前が、特にパワーの強いスポットです。

★★★★★　出雲大神宮（京都府亀岡市）

縁に関する運気の強いパワースポット。特に本殿前や本殿裏にある磐座《いわくら》には強力なパワーがあります｡岩に触れるなどして､パワーを吸収しましょう。みかげの滝も、強力なパワースポット。水を見るだけで、この土地の気を体に吸着することができます。ただし、さらに上のほうにある磐座には近づかないように。

☆☆☆☆　大神《おおみわ》神社（奈良県桜井市）

三輪山をご神体とする神社。変化と安定・安泰の運気を与えてくれます。パワースポットは拝殿前と手水舎付近。階段を上りきったら、山を見上げ深呼吸するのが運気吸収のポイント。

☆☆☆☆ 橿原《かしはら》神宮（奈良県橿原市）

明るい光と輝きに満ちたスポット。導きが欲しい人、光り輝く未来へ向かいたい人はぜひ訪れて。内拝殿に向かう参道と、南神門を抜けた先に広がる白い玉砂利のエリア、拝殿が強いパワースポット。早朝に参拝するのが運気吸収に◎です。

☆☆ 吉野神宮（奈良県吉野郡吉野町）

やさしい気持ちをもたらしてくれるパワースポット。浄化の気が強く、嫌な思い出を流し、新しい自分に変えてくれるスポットです。特に桜の季節に出かけると、愛情運に効果大。

☆☆☆☆ 春日大社（奈良県奈良市）

恋愛運、家庭運が与えられ、幸せになれる、女性におすすめのパワースポット。近年、よりパワーが強くなっているので、以前訪れてあまりピンと来なかった人も、ぜひもう一度足を運んでみて。南門手前の「出現石《しゅつげんせき》」は特にパワーが強いスポット。手をかざすと温かい気が感じられます。

☆☆☆ 熊野速玉大社（和歌山県新宮市）

出会いや人間関係など、人とつながる運気を持っています。名前に反してゆっくりとした動作が運気吸収のポイント。拝殿では、向かって左から参拝を。拝殿前が特にパワーが強いスポットです。

☆☆☆☆ 熊野那智大社（和歌山県東牟婁郡那智勝浦町）

悪運をすっきりと流してくれるスポット。展望台から那智大滝の全景と山を見ると、気の吸収率がアップします。いちばんパワーが強いのは拝殿前。玉砂利の空間には良い気が流れているので、ゆっくり滞在して。また、必ず那智大滝へ立ち寄りましょう。

★★★★★　那智大滝（和歌山県東牟婁郡那智勝浦町）

強大な浄化力のあるパワースポット。熊野那智大社から滝へと向かう道の生気も強く流れています。拝観料を払って、滝のそばまで行って、ゆっくりと気を吸収してきましょう。滝を眺めると、無意識にためていた悪運までもが浄化されるはず。命や運がよみがえり、新たな一歩を踏み出すことができます。

☆☆☆☆　熊野本宮大社（和歌山県田辺市）

浄化と再生を担うパワースポット。流れる気は強力ですが、やさしく、体にじわじわと吸収されます。貯蓄運、健康運に効果的なスポットです。境内では本殿に向かって左側から参拝を。本殿の右横にある木のそばもパワースポットです。

☆☆☆☆　神倉神社（和歌山県新宮市）

まるで天界のような生気が流れるたいへん強いパワースポット。自分を変えたい人におすすめ。階段を上がったところにあるゴトビキ岩は、近づくとドンドンと波打つ鼓動のような熱いエネルギーが感じられます。急な階段を上るため、女性は服装に注意して。靴はスニーカーがおすすめです。

☆☆☆　住吉大社（大阪府大阪市）

やる気、根気、前に進めていく行動力や発想力をもたらしてくれるパワースポット。いちばん奥にある一宮でお参りをしましょう。言葉の力が強まるスポットですので、意識的に自分の目標を言葉にして、心の中でしっかりと願いごとを伝えましょう。

☆☆ 枚岡《ひらおか》神社（大阪府東大阪市）

自分の心を開かせてくれるパワースポット。心が萎縮したときや、辛いことを払拭したいときにおすすめです。パワースポットは、本殿前と、本殿に向かって右側のあたり。心がかたくなになって前に進めないときに癒しを与えてくれるスポットです。

☆☆☆☆☆ 三島《みつしま》神社（大阪府門真市）

強力な浄化作用のある場所。ここまで強い気を体感できるスポットはまれです。境内に鎮座するクスノキ「薫蓋樟《くんがいしょう》」の前で静かにお参りすると、体にたまった悪運を流し、リセットしてくれます。トラブルを抱えている人や現状を変えたい人、悪運に見舞われている人におすすめ。クスノキに触れるよりも、大地からのパワーを意識して。

☆☆☆☆ 四天王寺《してんのうじ》（大阪府大阪市）

聖徳太子が建立した日本初の仏教寺院です。金運や財運、楽しく生きる運、自分の幸せを感じられる運、エネルギーを充電する運が得られます。西大門（通称極楽門）の柱に備え付けられている「転法輪《てんぽうりん》」をガラガラと右に回すのが、心の開運行動。

☆☆☆　伊和《いわ》神社（兵庫県宍粟市）

陰陽どちらの気も併せ持つスポット。「陽」の運気を吸収するには、午前中の参拝がおすすめです。神から遣わされた鶴が舞い降りたという伝説のある鶴石と、参道脇の巨木の付近が強いパワースポットになっています。

中国地方

☆☆☆☆☆　吉備津《きびつ》神社（岡山県岡山市）

桃太郎伝説の残る神社。背後の山から気が流れ込んでいます。拝殿に上っていく階段と、拝殿前が強いパワースポット。脇にある回廊、あじさい園、ご神木のイチョウ付近まで境内を一周するように歩いて。知識を高めるパワーや恋愛を引き寄せたい人に。桃がモチーフの桃守は恋愛運アップに効果大。

☆☆☆☆　吉備津彦神社（岡山県岡山市）

愛情運や金運、安定・継続の運気があふれています。随神門をくぐったあたりから、ふんわり温かい気が流れ、拝殿まで続いています。この地に来られたことを感謝しながら、豊かな気持ちで歩きましょう。ここには桃の形のユニークな絵馬があるので、ぜひ願いごとを書き記して。

★★★★★　大神山《おおがみやま》神社 奥宮（鳥取県西伯郡大山町）

悪運を落とし、体の細胞を活性化させてくれる、目覚めのスポット。人を魅了する運があるので、知名度を上げたい人、指導的立場にある人におすすめ。新展開へのきっかけを与えるといったパワーもあります。いちばんの開運行動は、鳥居の先に続く長い参道を歩くこと。この土地のパワーはけた違いに大きいので、感謝をして、強大な運気を受け取りましょう。

☆☆☆☆　八重垣神社（島根県松江市）

本殿前で参拝したあと、鏡の池のある佐久佐女《さくさめ》の森へ向かいましょう。森全体がパワースポットです。鏡の池では和紙を浮かべて縁占いを。水面に自分の姿を映すと恋愛運がアップ。縁に関する運気が強い神社です。

☆☆☆☆☆　熊野大社（島根県松江市）

人生に楽しみごとを与えてくれる陽の気を持つスポット。特に強力なのは金運で、女性の場合、玉の輿運をもらえます。目標や願いごとのある人は、清らかな気持ちでお参りすること。縁が欲しい人は、授与所で縁結びの櫛を求めてお守りにして。

☆☆☆☆　出雲大社（島根県出雲市）

発掘調査で巨大神殿があったことが証明されましたが、ここの気は、上空の高いところを流れています。空を見上げるのが運気吸収のポイント。風の気が、恋愛運、出会い運を運んでくるので、縁に関する運気が上がります。神楽殿の巨大注連縄の下もパワースポット。

☆☆☆　須佐神社（島根県出雲市）

心の中の迷いを打ち消し、困難に立ち向かう力がもらえます。本殿裏の大杉あたりは、この土地の気のすべてが吸収されているパワースポット。強力な浄化力があります。

☆☆☆ 千光寺《せんこうじ》(広島県尾道市)

瀬戸内海をのぞむ町・尾道。その美しい景色を一望する千光寺は、金運や人生の楽しみごとを与えてくれるスポット。玉の岩と大師堂の間は風がぴたりと止まっていて、風の気がしっかり体感できます。鼓岩と梵字岩のあたりにもパワーがみなぎっています。

四 国 地 方

☆☆☆☆ 金刀比羅宮《ことひらぐう》(香川県仲多度郡琴平町)

楽しみごとや豊かさを与えてくれるパワースポット。785段の長い階段を、楽しいことを考えながら、友達と一緒なら楽しくおしゃべりしながら、ゆっくり上ってください。本殿でお参りをしたら、向かって右側で、風景と一緒に写真を撮りましょう。

☆☆☆☆ 大山祇《おおやまづみ》神社(愛媛県今治市)

もともとは火の気が強く、出世やステータスアップに効果的なスポットでしたが、最近は愛を育むパワーも与えてくれます。運気に即効性があるので、勝負ごとにも◎。パワースポットは、境内の拝殿前に広範囲に広がっています。気に入った場所で写真を撮るなどゆっくり過ごして。

☆☆☆ 伊豫豆比古命《いよずひこのみこと》神社(愛媛県松山市)

通称「椿神社」と呼ばれ、心が和み癒されるパワースポット。全域にわたりマイナスのパワーが存在しないまれな神社。人とのご縁を生み出す力が強く、また自分に足りない様々な運気を与えてくれます。拝殿前付近がふわっと心が和む温かい気を感じるエリア。境内の椿の木々を眺め、ゆっくりと散策して。

☆☆☆☆☆ 石鎚《いしづち》神社（愛媛県西条市）

約1300年前に役小角《えんのおづぬ》により開山された石鎚山を神体山とする神社。石鎚山は古代から霊山として信仰される西日本一の高峰です。自分が今持っている運や能力を強力に補強し底上げしてくれます。自分の能力をより向上させたい人、才能を伸ばしたい人におすすめ。

★★★★★ 土佐神社（高知県高知市）

訪れる人が進むべき道を示してくれるパワースポット。恋愛運、新しいチャンスを開いてくれる運、これからよい方向へ変化し上昇していく運を与えてくれます。特に男性にいい運気です。鳥居をくぐり、境内をぐるりと左回りで回る「しなねの森めぐり」が開運行動。

九州地方

☆☆☆☆ 宗像《むなかた》大社 辺津宮《へつぐう》（福岡県宗像市）

ステータスを与え、出世に導いてくれるパワースポット。その人が本来持っている運気の滞りを流し、浄化してくれます。女性には玉の輿運も与えてくれます。いちばんのスポットは境内手前の手水舎。本殿前にも強い生気が流れています。

☆☆☆ 高良《こうら》大社（福岡県久留米市）

人間関係をスムーズにしてくれるパワースポット。人とのつながりを強めたり、人間関係のトラブルを改善したいときにおすすめです。パワースポットは、本殿前から３歩くらい下がったあたり。また、ご神木の大樟付近も強いパワーがあります。

☆☆½　太宰府天満宮（福岡県太宰府市）

仕事や学業などに効果的なスポット。様々な現実的な問題について教えを与えてくれるパワーがあります。願いごとを叶える力が強いので、今の自分に即した現実的な願いを具体的に伝えて。

☆☆½　阿蘇神社（熊本県阿蘇市）

楽しみごとや豊かさを与えてくれるパワースポット。縁を固める運気もあるため、結婚運や家庭運の欲しい方にもおすすめです。手水舎で神乃泉と呼ばれるご神水に触れ、水の気をしっかり吸収して。

☆☆　国造《こくぞう》神社（熊本県阿蘇市）

運気をクリアにして、心に光をもたらしてくれるパワースポット。小さな神社ですが、光に満ちあふれたパワースポットです。ただし、強い気は、神社の本殿よりも、本殿に向かって右側に抜ける脇道を進んだ「手野の大杉（女杉）」のほうにあります。

☆☆☆½　高千穂神社（宮崎県西臼杵郡高千穂町）

活性の運気を与えてくれるパワースポット。やる気や活力を得たい方におすすめです。パワースポットは拝殿前と拝殿に向かって右側の秩父杉。午前中のパワーが強いので、できるだけ早い時間に出かけましょう。ただし本殿に向かって右側にある「鎮石」のあたりは、さっと通り抜けたほうがよいでしょう。

☆☆☆☆　鵜戸《うど》神宮（宮崎県日南市）

日向灘に面した断崖の洞窟に建ち、神社としては珍しい「下り宮」です。海岸参道に歩を進めるにつれ、心身が浄化されていくのを体感できます。磯の「霊石亀石」のくぼみに運玉を投げるのが開運行動。運試しをしたい人、子宝に恵まれたい人、才能や運を生み出したい人におすすめです。洞窟に入ると暖かい気が感じられます。

☆☆☆☆☆　宇佐神宮（大分県宇佐市）

光に満ちた強力なパワースポット。仕事、恋愛、金運など様々な運気との縁を結んでくれます。広大な境内ですので、ゆっくりと時間をかけて回りましょう。パワースポットは広範囲ですが、中でもパワーが強いのは、手水舎の先にある左手の大木、上宮の本殿に向かう最後の階段を上がりきった場所にある大木、本殿に入る右側の門や、本殿前です。

☆☆☆　霧島神宮（鹿児島県霧島市）

継続の運気と活力を与えてくれるスポット。せかせかせずに、ゆっくりと参拝するのが運気吸収のポイントです。パワースポットは拝殿前とオガタマの木のあたり。展望台から桜島の景色を見るのも運気吸収に効果的です。

沖縄地区

☆☆☆☆ 首里城《しゅりじょう》（沖縄県那覇市）

風の気の強いパワースポット。出会いや人間関係に効果的です。パワースポットは、守礼門から首里城に向かう途中の右手の石段にある龍樋あたり。龍の口から湧き水が流れ出ています。

☆☆☆☆ セーファウタキ（沖縄県南城市）

琉球王朝の聖地。気が強く、人を拒むような入り口を抜けると、進むにつれて気が穏やかになっていきます。この全域がパワースポットで、光にあふれ、強力な浄化作用に満ちています。貪欲になったり、誰かをおとしめるような願いごとは厳禁。敬虔な気持ちで出かけましょう。午前中に出かけるのが運気吸収のポイント。

私の過ごし方⑧

海外のパワースポット

日本と同様に、海外にもパワースポットはたくさんあります。

ただ、海外の場合、何度も調査に出かけることができないので、日本で探すよりも難しいのが実情です。

ここでは、長年をかけて調査した海外のパワースポットをご紹介しますね。

もちろん、もっともっとたくさんあるのですが、今のところ私が出かけて調査して確認が取れている場所だけのご案内になります。その国に行くことがあれば、ぜひ立ち寄ってみてくださいね。

〈世界のパワースポット〉

北米

アメリカ本土

・セドナ４大ボルテックス（エアポートメサ、ポイントキャニオン、カセドラルロック、ベルロック）
・グランドキャニオン周辺

ハワイ

ハワイ島

・プウホヌア・オ・ホナウナウ
・キラウエア火山　・ラバチューブ
・マウナケア山頂　・ワイピオ渓谷

マウイ島

・ハレアカラ
・イアオ渓谷
・ククイプカ・ヘイアウ
・ハレキイ・ヘイアウ、ピハナ・ヘイアウ

カウアイ島

・シダの洞窟（現在は洞窟内に入れない）
・ワイメア渓谷（カララウ展望台）
・ケエ・ビーチ

オアフ島

・バース・ストーン
・カフナ・ストーン
・マカプウ・ヘイアウ（ヒーリングプール）

カナダ

・ウィスラー周辺

中米

メキシコ

・テオティカワン
・グアダルーペ寺院

南米

ペルー

・マチュピチュ
・チチカカ湖周辺

ボリビア

・ウユニ塩湖

オセアニア

オーストラリア

・ウルル（エアーズロック）

ニュージーランド

・ロトルア湖周辺　・タウポ湖周辺
・ミルフォードサウンド、スターリンの滝

東南アジア

インドネシア

・ボロブドゥール寺院遺跡
・ウルワトゥ寺院（バリ島）
・ブサキ寺院（バリ島）

シンガポール

・仏牙寺　・観音堂
・スリ・クリシュナン寺院
・スリ・アリアマン寺院
・サルタンモスク
・トゥア・ペコン寺院（クス島）
・カラマット・クス（クス島）
・クラウドフォレスト（ガーデンズ・バイ・ザ・ベイ内）
・富の噴水

ミャンマー

・ゴールデンロック

タイ

・ワット・ポー　・ワット・サケット

アジア

韓国

・景福宮　・昌慶宮　・昌徳宮

・宋廟　・粛靖門　・円丘壇

・朝鮮王陵（京畿道）

・馬耳山塔寺（全羅北道）

・麻谷寺（忠清南道）

・仏国寺（慶州）

・石窟庵（慶州）

・華厳寺（全羅南道）

・梵魚寺（釜山）

台湾

・龍山寺　・行天宮

・霞海城隍廟

スリランカ

・シギリヤロック

・ダンブッラ寺院群　・仏歯寺

中東

トルコ

・アヤソフィア　・ブルーモスク

・トプカプ宮殿

・オスマンの墓（ブルサ）

・カッパドキア

ヨーロッパ

スペイン

・アルハンブラ宮殿

・セゴビア（ローマ水道橋付近、アルカサル）

・メスキータ（コルドバ）

・セビリア大聖堂

フランス

・カルナック

イギリス

・ストーンヘンジ

・ホワイトホースの丘

・グラストンベリー　・エイヴベリー

イタリア

・サンタマリア・デル・フィオーレ（フィレンツェ）

・ドゥオーモ（ミラノ）

・ヴィットリオ・エマヌエーレ2世のガレリア（雄牛のタイル）（ミラノ）

・サンマルコ広場（ベネチア）

・サンピエトロ大聖堂（ローマ）

ギリシャ

・デルフィーの神殿　・メテオラ

ブルガリア

・リラの僧院

アフリカ

モロッコ

・アイット・ベン・ハドゥ

・トドラ渓谷

・サハラ砂漠（メルズーガ周辺）

※詳細は『絶対、運が良くなるパワースポット』をご参照ください。

第5章

もっと知りたい!
旅行風水

旅行中にやってはいけないこと

旅行中は楽しく過ごすのが大原則。無理や我慢は禁物です。

特に気をつけたいのがケンカ。旅先でケンカをすると、せっかく吸収した運気を燃やしてしまうことになりかねません。イライラしたり、連れの人とケンカになりそうなときには、ほうじ茶や中国茶を飲んで気を安定させて。

また、移動に追われて、食事を適当に済ませてしまうのもよくありません。食事は大切な気の供給源です。スケジュールに余裕を持って、その土地のおいしいものをいただきましょう。また、ホテルや飲食店でのトラブルなど、旅先でイヤな思いや不満が生じた場合、きちんとそれを相手に告げること。胸にため込むと、陰の気が体にまわり、せっかくの運気も半減してしまいます。

知識

旅先で捨てるといいもの

風水では、古いものを捨てると、また新しい気が生じると考えます。

吉方位でいらないものを捨ててくると、その土地から生じる新しい運気を持ち帰ることができるのです。吉方位で捨ててくることで気が生じるものは、下着、アクセサリー、財布。

特に使い古した下着を捨ててくると、新しい運気が生まれやすくなります。アクセサリーは、きれいな水辺に流したりすると、豊かさや楽しみごとを増やしてくれることに。お財布は、金運に関する悪い気を流すことができます。

捨て方は、きれいな紙袋に包んで、普通にゴミ箱に入れてきてください。お財布は、水辺の近くに捨てると、さらに効果的です。

当たり前ですが、ものを捨てるときはきちんと捨てることが大切。環境に悪影響を及ぼしたり、人に迷惑がかかるような捨て方は、運気を落とす元です。注意して。

帰宅後

帰宅後の過ごし方で運のたまり方や効果が変わります

帰宅後の過ごし方も、持ち帰った運をためるためには大切な行動です。

まず、おみやげはすぐにカバンから取り出しましょう。自分用のおみやげは、帰ってから3日以内に使い始めて。土地の気を持ったおみやげは、自分が使うことで初めて気が生じます。

人にあげるおみやげは、早く配るほど効果が。人におみやげを渡すことは、自分自身に運を返すことになります。好きな人やお世話になっている人には、ぜひ買っていきましょう。

その次は睡眠です。旅行で得た運は、寝ることで吸収し、自分に定着します。帰宅してすぐにぐっすり眠るのが理想ですが、それが無理なら、3日以内に、たっぷりと睡眠を取って、運気を自分に定着させましょう。その後、早起きをして朝日を見ると、吸収してきた運が、動き出します。

付録1

吉方位表の使い方

吉方位表は、生年月日から割り出す本命星で調べます。年や月で吉方位は変わるため、旅行に出かけるときは、必ず自分の吉方位をチェックしましょう。

なお、小学生まで（満13歳未満）のお子さんの場合は、基本的に１８４ページの月命星を使うことをおすすめしています。というのも、子どもが本命星を使って旅行風水を実践すると、効果が表れるのが13歳以降になってしまうため。もちろん、即効性を求めず、「大人になるまで運をためておきたい」という場合は、本命星を使うのも効果的です。

本命星表

九紫火星	八白土星	七赤金星	六白金星	五黄土星	四緑木星	三碧木星	二黒土星	一白水星
昭和21年生	昭和22年生	昭和23年生	昭和24年生	昭和16年生	昭和17年生	昭和18年生	昭和19年生	昭和20年生
昭和30年生	昭和31年生	昭和32年生	昭和33年生	昭和25年生	昭和26年生	昭和27年生	昭和28年生	昭和29年生
昭和39年生	昭和40年生	昭和41年生	昭和42年生	昭和34年生	昭和35年生	昭和36年生	昭和37年生	昭和38年生
昭和48年生	昭和49年生	昭和50年生	昭和51年生	昭和43年生	昭和44年生	昭和45年生	昭和46年生	昭和47年生
昭和57年生	昭和58年生	昭和59年生	昭和60年生	昭和52年生	昭和53年生	昭和54年生	昭和55年生	昭和56年生
平成3年生	平成4年生	平成5年生	平成6年生	昭和61年生	昭和62年生	昭和63年生	昭和64年生(平成元年)	平成2年生
平成12年生	平成13年生	平成14年生	平成15年生	平成7年生	平成8年生	平成9年生	平成10年生	平成11年生

※1月1日から節分(2月3日か4日)までに生まれた方は前年の九星になります。例えば、昭和46年1月28日生まれの人は「三碧木星」、昭和46年2月10日生まれの人は「二黒土星」になります。
※子ども(満13歳未満)は次ページの月命星表を参考に、生年月日で確認しましょう。

子どものための月命星表

生年＼九星	一白水星	二黒土星	三碧木星	四緑木星	五黄土星	六白金星	七赤金星	八白土星	九紫火星
平成16年	3/5〜、12/7〜	2/4〜、11/7〜	1/6〜、10/8〜	9/7〜	8/7〜	7/7〜	6/5〜	5/5〜	4/4〜
平成17年	9/7〜	8/7〜	7/7〜	6/5〜	5/5〜	4/5〜	3/5〜、12/7〜	2/4〜、11/7〜	1/5〜、10/8〜
平成18年	6/6〜	5/6〜	4/5〜	3/6〜、12/7〜	2/4〜、11/7〜	1/5〜、10/8〜	9/8〜	8/8〜	7/7〜
平成19年	3/6〜、12/7〜	2/4〜、11/8〜	1/6〜、10/9〜	9/8〜	8/8〜	7/7〜	6/6〜	5/6〜	4/5〜
平成20年	9/7〜	8/7〜	7/7〜	6/5〜	5/5〜	4/4〜	3/5〜、12/7〜	2/4〜、11/7〜	1/6〜、10/8〜
平成21年	6/5〜	5/5〜	4/5〜	3/5〜、12/7〜	2/4〜、11/7〜	1/5〜、10/8〜	9/7〜	8/7〜	7/7〜
平成22年	3/6〜、12/7〜	2/4〜、11/7〜	1/5〜、10/8〜	9/8〜	8/7〜	7/7〜	6/6〜	5/5〜	4/5〜
平成23年	9/8〜	8/8〜	7/7〜	6/6〜	5/6〜	4/5〜	3/6〜、12/7〜	2/4〜、11/8〜	1/6〜、10/9〜
平成24年	6/5〜	5/5〜	4/4〜	3/5〜、12/7〜	2/4〜、11/7〜	1/6〜、10/8〜	9/7〜	8/7〜	7/7〜
平成25年	3/5〜、12/7〜	2/4〜、11/7〜	1/5〜、10/8〜	9/7〜	8/7〜	7/7〜	6/5〜	5/5〜	4/5〜
平成26年	9/8〜	8/7〜	7/7〜	6/6〜	5/5〜	4/5〜	3/6〜、12/7〜	2/4〜、11/7〜	1/5〜、10/8〜
平成27年	6/6〜	5/6〜	4/5〜	3/6〜、12/7〜	2/4〜、11/8〜	1/6〜、10/8〜	9/8〜	8/8〜	7/7〜
平成28年	3/5〜、12/7〜	2/4〜、11/7〜	1/6〜、10/8〜	9/7〜	8/7〜	7/7〜	6/5〜	5/5〜	4/4〜

次ページからの方位別の吉凶の見方

◎大吉方位　☽月の吉方位　☆年の吉方位

△凶方位ではありませんが、効果は期待できない方位

無印は凶方位

☽は月の吉方位で4･7･10･13カ月目に効果が表れます。

☆は年の吉方位で4･7･10･13年目に効果は表れますが、長く強く作用します。

一白水星の吉方位

2016

	北	北東	東	南東	南	南西	西	北西
1月	△			△	◎			◎
2月	◎		△		◎		◎	
3月			△					
4月			☽				☆	
5月	◎				◎			
6月					☆			
7月			☽				☆	
8月			☽				◎	
9月	☆				☆		◎	
10月	☆				◎			
11月	◎		△		◎		◎	
12月			△				◎	

2017

	北	北東	東	南東	南	南西	西	北西
1月			☽				☆	
2月				☽				△
3月				☽				△
4月		☆				◎	☆	
5月		☆		☽		☆	◎	
6月							◎	
7月				△		☆		☽
8月							◎	
9月		◎		△		◎	◎	△
10月		◎				◎	☆	
11月								△
12月				☽				△

2018

	北	北東	東	南東	南	南西	西	北西
1月		☆					☆	
2月		☆	◎				☽	
3月			☆					
4月		◎				☆		
5月			☆				☽	
6月		◎	☆			◎	☽	
7月			◎			◎	△	
8月								
9月								
10月		☆	◎			◎	△	
11月		☆	◎			☆	☽	
12月			☆				☽	

2019

	北	北東	東	南東	南	南西	西	北西
1月		◎						
2月	◎				◎			
3月								△
4月								
5月	◎				◎			
6月					☆			△
7月								
8月								☽
9月	☆				☆			
10月	☆				◎			☽
11月	◎				◎			
12月								△

2020

	北	北東	東	南東	南	南西	西	北西
1月								
2月	◎			◎				△
3月	◎			◎				△
4月								
5月				◎				
6月								
7月	☆			☆				☽
8月	◎							
9月				☆				△
10月								
11月	◎							△
12月	◎			◎				△

2021

	北	北東	東	南東	南	南西	西	北西
1月								
2月		△	◎				☽	
3月			☆					
4月		☽						
5月			☆				☽	
6月		☽	☆				☽	
7月			◎				△	
8月								
9月								
10月		△	◎				△	
11月		△	◎				☽	
12月			☆				☽	

二黒土星

2016

	北	北東	東	南東	南	南西	西	北西
1月	◎				◎			
2月	◎		◎	△	◎		△	△
3月			◎					
4月				☽				
5月	☆		◎	☽	☆		△	
6月				☽				☽
7月			☆				☽	
8月	☆		☆	△	◎		☽	☽
9月	◎				◎			
10月	◎				◎			
11月	◎		◎		◎		△	△
12月			◎				△	

2017

	北	北東	東	南東	南	南西	西	北西
1月				☽				△
2月							△	
3月		△				☆		
4月		☽				☆	☽	
5月							☽	
6月		☽				☆		
7月						◎		
8月							△	
9月		△				◎	△	
10月		△				◎		
11月							△	
12月		△				☆		

2018

	北	北東	東	南東	南	南西	西	北西
1月		☽					☽	
2月								☽
3月		☽				☆		
4月		☽				◎		
5月								
6月		△				◎		
7月						◎		△
8月								☽
9月		△				☆		☽
10月		☽				☆		
11月								☽
12月		☽				☆		

2019

	北	北東	東	南東	南	南西	西	北西
1月		☽						
2月	☽		◎		☽		△	☆
3月			◎					
4月								
5月	△		◎		△		△	
6月								◎
7月			☆				☽	
8月	△		☆		☽		☽	◎
9月	☽				☽			
10月	☽				☽			
11月	☽		◎		☽		△	☆
12月			◎				△	

2020

	北	北東	東	南東	南	南西	西	北西
1月								☆
2月				◎				◎
3月		△		◎		△		◎
4月		☽				△		
5月				☆				
6月		☽				△		
7月						☽		
8月				☆				☆
9月		△				☽		
10月		△				☽		☆
11月								◎
12月		△		◎		△		◎

2021

	北	北東	東	南東	南	南西	西	北西
1月		☽						
2月			△				◎	
3月		◎						
4月		◎						
5月			☽				☆	
6月		☆	☽				☆	
7月								
8月			☽				☆	
9月		☆						
10月		◎	△				◎	
11月			△				◎	
12月		◎						

三碧木星

2016

	北	北東	東	南東	南	南西	西	北西
1月	△			△	△			◎
2月	△		◎		△		◎	
3月								
4月			☆				☆	
5月			☆				◎	
6月								
7月	△		◎		☽		☆	
8月	☽				☽			
9月	☽				△		☆	
10月	△				△			
11月	△		◎		△		◎	
12月								

2017

	北	北東	東	南東	南	南西	西	北西
1月			☆				☆	
2月				☆				☽
3月		◎		☆		☽		△
4月								
5月		☆		◎		△		
6月		☆				☽		
7月				☆		☽		☽
8月								
9月		◎		◎		△		△
10月								☽
11月								☽
12月		◎		☆		☽		△

2018

	北	北東	東	南東	南	南西	西	北西
1月								
2月								☆
3月			△					
4月								
5月			☽				☽	
6月								☆
7月			△				△	◎
8月			△				☽	◎
9月								☆
10月			☽				△	
11月								☆
12月			△				△	

2019

	北	北東	東	南東	南	南西	西	北西
1月								◎
2月			☽				◎	
3月								☆
4月			△				☆	
5月			△				◎	
6月								☆
7月			☽				☆	
8月								☆
9月							☆	
10月								◎
11月			☽				◎	
12月								☆

2020

	北	北東	東	南東	南	南西	西	北西
1月			△				☆	◎
2月				△				☽
3月		◎		△		◎		△
4月								
5月		☆		☽		☆		
6月		☆				◎		
7月				△		◎		☽
8月								
9月		◎		☽		☆		△
10月								☽
11月								☽
12月		◎		△		◎		△

2021

	北	北東	東	南東	南	南西	西	北西
1月								
2月	☽				◎			
3月	☽		☆		☆			
4月	△				☆			
5月	△		◎		☆		☽	
6月								
7月			☆				△	
8月			☆				☽	
9月								
10月	△		◎		◎		△	
11月	☽				◎			
12月	☽		☆				△	

四緑木星

2016

	北	北東	東	南東	南	南西	西	北西
1月	△				△			
2月	△			◎	△			◎
3月				◎				☆
4月				☆				
5月				☆				
6月				☆	△			☆
7月	△				☽			
8月	☽				☽			
9月	☽				△			
10月	△				△			
11月	△				△			◎
12月				◎				☆

2017

	北	北東	東	南東	南	南西	西	北西
1月				☆				◎
2月				☆			◎	☽
3月				☆				△
4月								
5月							☆	
6月							☆	
7月								
8月				◎				☽
9月				◎			◎	△
10月							☆	☽
11月							◎	☽
12月				☆				△

2018

	北	北東	東	南東	南	南西	西	北西
1月								
2月		☆	☽				△	
3月		☆	△			☽		
4月		☆				☽		
5月								
6月			△				☽	☆
7月			△			△	△	◎
8月			△				☽	◎
9月								☆
10月		◎				☽		
11月		☆	☽			△	△	
12月		☆	△			☽	△	

2019

	北	北東	東	南東	南	南西	西	北西
1月		☆						
2月								◎
3月			△					☆
4月			△				☆	
5月			△				◎	
6月								☆
7月								
8月			☽				☆	
9月							☆	
10月								
11月								◎
12月			△				◎	☆

2020

	北	北東	東	南東	南	南西	西	北西
1月			△				☆	◎
2月				△				☽
3月	◎			△				△
4月	☆							
5月	◎							
6月								
7月	☆							
8月	☆			☽				☽
9月				☽				△
10月								☽
11月								☽
12月	◎			△				△

2021

	北	北東	東	南東	南	南西	西	北西
1月	☆							
2月	☽	☆			◎			
3月	☽	☆			☆			
4月	△	☆			☆			
5月	△				☆			
6月								
7月								
8月								
9月	☽				☆			
10月	△	◎			◎			
11月	☽	☆			◎			
12月	☽	☆						

五黄土星

2016

	北	北東	東	南東	南	南西	西	北西
1月	◎			◎	◎			△
2月	◎		◎	△	◎		△	△
3月			◎	☽				☽
4月			◎	☽			☽	
5月	☆		◎	☽	☆		△	
6月				☽	◎			☽
7月	◎		☆		☆		☽	
8月	☆		☆	△	◎		☽	☽
9月	◎				◎		☽	
10月	◎				◎			△
11月	◎		◎		◎		△	△
12月			◎	☽			△	☽

2017

	北	北東	東	南東	南	南西	西	北西
1月			◎	☽			☽	△
2月				◎			△	◎
3月		△		◎		☆		◎
4月		☽				☆	☽	
5月		☽		☆		◎	☽	
6月		☽				☆	☽	
7月				◎		◎		☆
8月				☆			△	☆
9月		△		◎		◎	△	◎
10月		△				◎	☽	☆
11月							△	◎
12月		△		◎		☆		◎

2018

	北	北東	東	南東	南	南西	西	北西
1月		☽					☽	
2月		☽	☆				◎	☽
3月		☽	◎			☆		
4月		☽				◎		
5月			◎				☆	
6月		△	◎			◎	☆	☽
7月			◎			◎	◎	△
8月			◎				☆	☽
9月		△				☆		☽
10月		☽	☆			☆	◎	
11月		☽	☆			◎	◎	☽
12月		☽	◎			☆	◎	

2019

	北	北東	東	南東	南	南西	西	北西
1月		☽						△
2月	☽		◎		☽		△	☆
3月			◎					◎
4月			◎				☽	
5月	△		◎		△		△	
6月					☽			◎
7月	☽		☆		△		☽	
8月	△		☆		☽		☽	◎
9月	☽				☽		☽	
10月	☽				☽			☆
11月	☽		◎		☽		△	☆
12月			◎				△	◎

2020

	北	北東	東	南東	南	南西	西	北西
1月			◎				☽	☆
2月	△			◎				◎
3月	△	△		◎		△		◎
4月	☽	☽				△		
5月	△	☽		☆		☽		
6月		☽				△		
7月	☽			◎		☽		☆
8月	☽			☆				☆
9月		△		◎		☽		◎
10月		△				☽		☆
11月	△							◎
12月	△	△		◎		△		◎

2021

	北	北東	東	南東	南	南西	西	北西
1月	☽	☽						
2月	☆	◎	△		☽		◎	
3月	◎	◎	☽		☽			
4月	◎	◎			☽			
5月	◎		☽		☽		☆	
6月		☆	☽				☆	
7月			☽				◎	
8月	☆		☽		△		☆	
9月	☆	☆			☽			
10月	◎	◎	△		△		◎	
11月	☆	◎	△		☽		◎	
12月	◎	◎	☽				◎	

六白金星

2016

	北	北東	東	南東	南	南西	西	北西
1月	◎			◎	◎			△
2月			△	◎			△	△
3月			☽	☆				☽
4月			☽	◎			☽	
5月				◎				
6月								
7月			△				☽	
8月			△				☽	
9月								
10月								△
11月			△				△	△
12月			☽	☆			△	☽

2017

	北	北東	東	南東	南	南西	西	北西
1月			☽	◎			☽	☽
2月				☽				☆
3月		☽				☆		
4月		△				☆	☽	
5月		☽				◎	☽	
6月		☽				◎		
7月				☽				☆
8月				☽			△	☆
9月		△		△		◎	△	◎
10月							☽	◎
11月								☆
12月		☽				☆		

2018

	北	北東	東	南東	南	南西	西	北西
1月		△					☽	
2月			☆				◎	
3月								
4月								
5月			☆				☆	
6月			◎				☆	◎
7月			◎				◎	◎
8月								☆
9月								
10月			☆				◎	
11月			☆				◎	
12月								

2019

	北	北東	東	南東	南	南西	西	北西
1月								☆
2月								△
3月								☽
4月								
5月	△				△			
6月					☽			
7月	☽				☽			
8月	☽				△			
9月	△				☽			
10月	☽				☽			△
11月								△
12月								☽

2020

	北	北東	東	南東	南	南西	西	北西
1月								☽
2月	△							
3月	△	◎				△		
4月	☽	☆				△		
5月	☽	◎				☽		
6月		◎				☽		
7月	☽							
8月								
9月		☆				☽		
10月								
11月	△							
12月	△	◎				△		

2021

	北	北東	東	南東	南	南西	西	北西
1月	☽	☆						
2月	◎	☽	△		☆		◎	
3月	☆	☽			◎			
4月	◎				◎			
5月			△				☆	
6月		△	☽				☆	
7月			☽				◎	
8月	☆				☆			
9月	☆	☽			◎			
10月	◎	△	△		◎		◎	
11月	◎	☽	△		☆		◎	
12月	☆	☽						

七赤金星

2016

	北	北東	東	南東	南	南西	西	北西
1月				◎				△
2月			△	◎			△	△
3月			☽	☆				☽
4月				◎				
5月			☽				☽	
6月				◎				☽
7月			△				☽	
8月				☆				☽
9月							☽	
10月								△
11月			△				△	△
12月			☽	☆			△	☽

2017

	北	北東	東	南東	南	南西	西	北西
1月				◎				☽
2月							☽	
3月				☽				◎
4月							☽	
5月				△				
6月							☽	
7月				☽				☆
8月				☽			△	☆
9月				△			△	◎
10月								◎
11月							☽	
12月				☽				◎

2018

	北	北東	東	南東	南	南西	西	北西
1月							☽	
2月		☽						◎
3月								
4月		☽				☆		
5月								
6月								◎
7月						◎		◎
8月								
9月		☽				☆		◎
10月		△				☆		
11月		☽				◎		◎
12月								

2019

	北	北東	東	南東	南	南西	西	北西
1月		☽						☆
2月			☆				☆	
3月			◎					
4月								
5月	△		◎		△		◎	
6月					☽			
7月	☽		☆		☽		◎	
8月	☽				△			
9月	△				☽		◎	
10月								
11月			☆				☆	
12月			◎				☆	

2020

	北	北東	東	南東	南	南西	西	北西
1月								
2月	△							
3月	△	◎		◎		△		◎
4月	☽	☆				△		
5月	☽	◎		☆		☽		
6月								
7月				◎		△		☆
8月				◎				☆
9月				☆				◎
10月		☆				☽		◎
11月	△							
12月	△	◎		◎		△		◎

2021

	北	北東	東	南東	南	南西	西	北西
1月	☽	☆						
2月	◎	☽			☆			
3月	☆		☽		◎			
4月		☽						
5月			△				☆	
6月			☽				☆	
7月								
8月	☆		☽		☆		◎	
9月	☆	☽			◎			
10月	◎	△	△		◎		◎	
11月	◎	☽			☆			
12月	☆		☽				◎	

八白土星

2016

	北	北東	東	南東	南	南西	西	北西
1月				◎				△
2月	◎		◎	△	◎		△	△
3月				☽				☽
4月			◎				☽	
5月	☆		◎	☽	☆		△	
6月					◎			
7月	◎				☆			
8月	☆		☆	△	◎		☽	☽
9月							☽	
10月								△
11月	◎		◎		◎		△	△
12月				☽				☽

2017

	北	北東	東	南東	南	南西	西	北西
1月			◎				☽	
2月				◎				◎
3月		△				☆		
4月		☽				☆		
5月				☆				
6月		☽				☆		
7月				◎		◎		☆
8月				☆				☆
9月		△		◎		◎		◎
10月		△				◎		
11月								◎
12月		△				☆		

2018

	北	北東	東	南東	南	南西	西	北西
1月		☽						
2月			☆				◎	
3月		☽	◎			☆		
4月		☽				◎		
5月			◎				☆	
6月		△				◎		
7月			◎			◎	◎	
8月			◎				☆	
9月		△				☆		
10月		☽				☆		
11月			☆				◎	
12月		☽	◎			☆	◎	

2019

	北	北東	東	南東	南	南西	西	北西
1月		☽						
2月	☽		◎		☽		△	☆
3月								◎
4月			◎				☽	
5月	△		◎		△		△	
6月					☽			
7月	☽				△			
8月	△		☆		☽		☽	◎
9月							☽	
10月								☆
11月	☽		◎		☽		△	☆
12月								◎

2020

	北	北東	東	南東	南	南西	西	北西
1月			◎				☽	
2月	△							
3月	△	△				△		
4月	☽	☽				△		
5月	△							
6月		☽				△		
7月						☽		
8月	☽							
9月		△				☽		
10月		△				☽		
11月	△							
12月	△	△				△		

2021

	北	北東	東	南東	南	南西	西	北西
1月	☽	☽						
2月	☆				☽			
3月		◎						
4月		◎						
5月	◎				☽			
6月		☆						
7月								
8月	☆				△			
9月	☆	☆			☽			
10月	◎	◎			△			
11月	☆				☽			
12月		◎						

九紫火星

2016

	北	北東	東	南東	南	南西	西	北西
1月	◎			◎	△			◎
2月	△			△	△			◎
3月								
4月				☽				
5月	☽				☽			
6月				△	☽			◎
7月	☽				△			
8月				☽				☆
9月								
10月	☽				△			◎
11月	△				△			◎
12月								

2017

	北	北東	東	南東	南	南西	西	北西
1月				☽				☆
2月							☆	
3月		☆				☽		
4月							◎	
5月		◎				☽	☆	
6月		☆				△	☆	
7月								
8月								
9月		◎				△	◎	
10月		◎				△	◎	
11月							☆	
12月		☆				☽		

2018

	北	北東	東	南東	南	南西	西	北西
1月							◎	
2月		◎	☽				☆	△
3月		☆	☽			△		
4月								
5月								
6月		◎	☽			△	◎	
7月			△			△	◎	△
8月			△				☆	
9月		☆				☽		☽
10月			☽				◎	
11月		◎	☽			☽	☆	△
12月		☆	☽			△	☆	

2019

	北	北東	東	南東	南	南西	西	北西
1月								☽
2月	☆				☆			
3月			☽					
4月			△				☽	
5月	◎		△		◎		△	
6月					◎			
7月	◎		☽		☆		☽	
8月			☽				△	
9月							△	
10月	◎				☆			
11月	☆				☆			
12月			☽				☽	

2020

	北	北東	東	南東	南	南西	西	北西
1月			△				☽	
2月	◎							
3月	◎	△		△		◎		◎
4月	◎							
5月		☽		☽		◎		
6月		△				☆		
7月	◎			☽				◎
8月	☆			△				◎
9月		☽				☆		
10月		☽				☆		☆
11月	◎							
12月	◎	△		△		◎		◎

2021

	北	北東	東	南東	南	南西	西	北西
1月	◎							
2月			◎				☆	
3月			◎					
4月	◎				△			
5月	☆				△			
6月			◎				◎	
7月			☆				◎	
8月	◎		☆		☽		☆	
9月	◎				☽			
10月	◎		◎		△		◎	
11月			◎				☆	
12月			◎				☆	

付録2

2016～2021年にかけての 各方位にプラスされる運気

北方位

2016年　金運、楽しみごとをもたらす運気がプラスされます
2017年　暗剣殺（凶方位）のため、どなたも使えません
2018年　五黄殺（凶方位）のため、どなたも使えません
2019年　出会いから結婚までの強い縁の運気がプラスされます
2020年　発展運、仕事運、成長運がプラスされます
2021年　結婚運、家庭運、健康運がプラスされます

北東方位

2016年　五黄殺（凶方位）、歳破（凶方位）のため、どなたも使えません
2017年　出会い運、人間関係運がプラスされます
2018年　発展運、仕事運、成長運、チャンスに強くなる運気がプラスされます
2019年　暗剣殺（凶方位）のため、どなたも使えません

2020年	愛情運、人からサポートを受けられる運気がプラスされます
2021年	ステータス運、ビューティ運、ダイエット運がプラスされます

東方位

2016年	ステータス運、ビューティ運、ダイエット運がプラスされます
2017年	歳破（凶方位）のため、どなたも使えません
2018年	金運、充実をもたらす運気がプラスされます
2019年	出世運、玉の輿運、自分のグレードがアップする運気がプラスされます
2020年	五黄殺（凶方位）のため、どなたも使えません
2021年	出会い運、恋愛運がプラスされます

東南方位

2016年	ビューティ運、愛情運がプラスされます
2017年	ステータス運、ビューティ運がプラスされます
2018年	歳破（凶方位）のため、どなたも使えません
2019年	歳破（凶方位）のため、どなたも使えません
2020年	玉の輿運、自分のグレードがアップする運気がプラスされます
2021年	五黄殺（凶方位）のため、どなたも使えません

南方位

2016年	出世運、財運、才能を開花する運気がプラスされます
2017年	五黄殺（凶方位）のため、どなたも使えません
2018年	暗剣殺（凶方位）のため、どなたも使えません
2019年	発展運、仕事運、成長運、チャンスに強くなる運気がプラ

スされます

2020年　歳破（凶方位）のため、どなたも使えません

2021年　愛情運、女性らしい美しさを得る運気がプラスされます

南西方位

2016年　暗剣殺（凶方位）のため、どなたも使えません

2017年　金運、楽しみごとや豊かさをもたらす運気がプラスされます

2018年　出世運、玉の輿運、ステータス運がプラスされます

2019年　五黄殺（凶方位）のため、どなたも使えません

2020年　出会いから結婚までの縁の運気がプラスされます

2021年　歳破（凶方位）のため、どなたも使えません

西方位

2016年　恋愛結婚運、出会い運、楽しみごとをもたらす運気がプラスされます

2017年　発展運、仕事運、チャンスに強くなる運気がプラスされます

2018年　貯蓄運、結婚運、家庭運、健康運がプラスされます

2019年　愛情運、お金を増やす運気、信頼を築く運気がプラスされます

2020年　暗剣殺（凶方位）のため、どなたも使えません

2021年　貯蓄運、良い変化をもたらす運、浄化の運がプラスされます

北西方位

2016年　発展運、仕事運、成長運、成功をもたらす運気、チャンスに強くなる運気がプラスされます

2017年　貯蓄運、家庭運、健康運がプラスされます

2018年　愛情運、ビューティ運、信頼を築く運気がプラスされます

2019年　強力なステータス運、ビューティ運がプラスされます

2020年　貯蓄運、良い変化をもたらす運、不動産運がプラスされます

2021年　暗剣殺（凶方位）のため、どなたも使えません

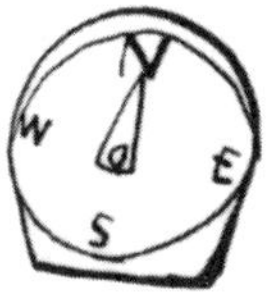

おわりに

最近では、「旅行で運気を上げる」という考え方がずいぶんと一般的になってきたように思います。

13年前、この本を初めて出版したときには、旅行に行って、温泉に入って、おいしいものを食べるだけで運気が得られるんですよ、とお話をすると、ほとんどの方はびっくりされていたように思います。

それが今では、「開運旅行」「パワースポットめぐり」などという言葉はもう一般的なものになり、みなさんが当たり前に開運旅行に出かけられるようになりました。

月日の流れをしみじみと感じますが、本当にありがたいことだと感謝しております。

ただ、月日の流れとともに、旅のスタイルは大きく変化しています。

この本をリニューアルしようと思ったのは、みなさんのライフスタイルにより近く、実践しやすい旅行風水をご提案しなければ、という思いからです。
旅先での行動一つとっても、以前よりずっとバリエーションが豊かになっています
し、以前なら旅行ガイドや雑誌が頼りだった情報集めも、今ではインターネットで調
べられるようになったり、GPSで行き先がわかったりなど、以前とは比べられない
くらいリアルな情報を手に入れられるようになりました。

このたびの改訂版では、その変化を踏まえて「今」という時代の流れに合うように
加筆及び修正を行いましたが、いかがでしょうか?
「旅行で開運は当たり前」という時代だからこそ、もう一段ステップアップした旅行
風水をお使いいただければと思い、内容を改訂しています。
今回の改訂ではコラムもすべて書き下ろしています。
13年もの月日が過ぎると、私自身のライフスタイルも変わって、昔のコラムは今の
私が発信する内容ではないな、と感じたためです。
初版をお持ちの方の中には、私と同じようにライフスタイルが変わった方も多くい

らっしゃると思います。その方たちにも、新たな気持ちで本書をお読みいただければ嬉しく思います。

最後になりましたが、この本をお読みくださったみなさまの運が、より大きく光り輝くものになりますように、心からお祈りしております。

李家幽竹

2016年7月

［著者］
李家幽竹（りのいえ・ゆうちく）
韓国・李朝の流れをくむ、ただ一人の風水師。「風水とは、環境を整えて運を呼ぶ環境学」という考え方のもと、衣・食・住、行動全般にわたる様々な分野でアドバイスを行っている。女性らしい独自のセンスで展開する風水論は幅広い層に支持されている。現在、テレビ・雑誌を中心に、鑑定・講演・セミナー等でも活躍中。
主な著書に、『ナンバー１風水師が教える運のいい人の仕事の習慣』『お金に好かれる！　金運風水』『金運風水　奥義編』（以上、ダイヤモンド社）、『おそうじ風水』、『運がよくなる　風水収納＆整理術』（以上ＰＨＰ文庫）、『最強　パワーストーン風水』（秀和システム）など多数。

風水情報をより充実させたホームページをリニューアルオープン。
http://yuchiku.com/

改訂新版　絶対、運が良くなる旅行風水

2016年７月22日　第１刷発行

著　者——李家幽竹
発行所——ダイヤモンド社
〒150-8409　東京都渋谷区神宮前6-12-17
http://www.diamond.co.jp/
電話／03･5778･7236（編集）03･5778･7240（販売）
装丁————渡邊民人（TYPE FACE）
カバーイラスト—やのひろこ
本文デザイン—清水真理子（TYPE FACE）
本文イラスト—平澤まりこ
編集協力——木村涼子
製作進行——ダイヤモンド・グラフィック社
印刷————堀内印刷所（本文）・共栄メディア（カバー）
製本————本間製本
編集担当——佐藤和子

ISBN 978-4-478-06881-6

PC・モバイル対応 「旅行風水」実践サイト http://yuchiku-ps.jp/

李家幽竹 旅行風水★幸せパワースポット

プレミアム会員になると見れちゃう！メニュー紹介

❊マイ方位盤

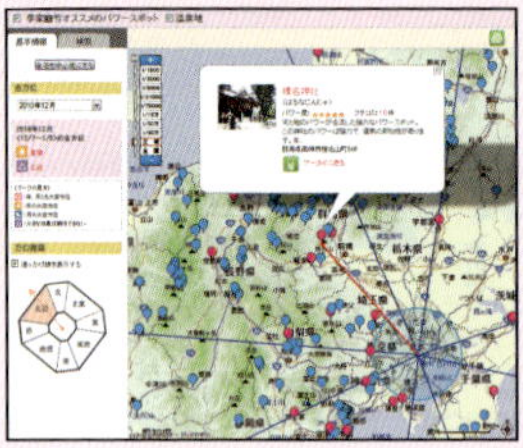

アナログ地図に比べると方位が正確にわかるので便利です。
（OL・24才）

パワースポットや温泉地がたくさん登録されていて旅行プランが立てやすくなりました。
（看護師・35才）

❊マイページ

- 今まで行った方位
  旅先でGPS登録した方位を方位盤でみることができます。
- マイ旅
  旅の履歴管理ができ、ユーザー同士の情報交換に。
- 三合法
  効果20倍の三合法をGPS登録（位置情報登録）で自動エントリー。
- 旅行の効果
  GPS登録すると効果が表れる4・7・10・13カ月目にお知らせ。

今まで行った方位

北西	北	北東
西北西 戌	亥 子 丑	寅 東北東
西 酉	中宮 五黄	卯 東
西南西 申	未 午 巳	辰 東南東
南西	南	南東

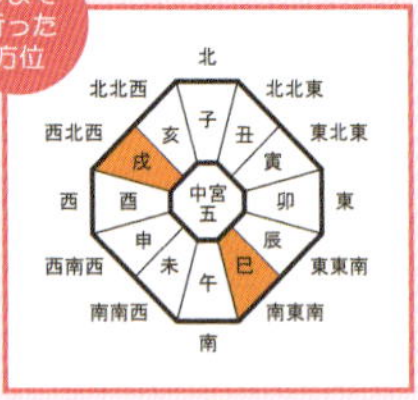

❊検索
- パワースポット＆温泉地検索
- GPS位置情報取得
- 方位検索

❊情報
- 今日の開運アドバイス
- 今月の旅行スタイル

❊お知らせメール
- 【毎日】今日の開運アドバイス
- 【毎月】旅行の効果

❊クチコミ FREE
パワースポット＆温泉地の体験談や旅先でのおいしいお店情報がたくさん。

※コンテンツ内容は時期によって異なる場合がございます。あらかじめご了承ください。

PC・モバイル（スマートフォン・携帯）
URL http://yuchiku-ps.jp/

docomo/au/SoftBank
月額324円（税込）